U0583989

鲁迅的美术世界

张云龙 著

九州出版社
JIUZHOUPRESS

图书在版编目（CIP）数据

鲁迅的美术世界 / 张云龙著. -- 北京 ：九州出版社，2023.5
ISBN 978-7-5225-1839-8

Ⅰ. ①鲁… Ⅱ. ①张… Ⅲ. ①鲁迅（1881-1936）—人物研究②美术史—中国 Ⅳ. ①K825.6②J120.9

中国国家版本馆CIP数据核字(2023)第089131号

鲁迅的美术世界

作　　者	张云龙　著
责任编辑	赵恒丹
出版发行	九州出版社
地　　址	北京市西城区阜外大街甲 35 号（100037）
发行电话	(010)68992190/3/5/6
网　　址	www.jiuzhoupress.com
电子信箱	jiuzhou@jiuzhoupress.com
印　　刷	济南世纪新龙印刷有限公司
开　　本	889 毫米 ×1194 毫米　32 开
印　　张	8.625
字　　数	220 千字
版　　次	2023 年 9 月第 1 版
印　　次	2023 年 9 月第 1 次印刷
书　　号	ISBN 978-7-5225-1839-8
定　　价	78.00 元

出版说明

　　鲁迅不但是伟大的文学家、思想家，而且对中国现代美术的发展也做出了杰出的贡献。

　　鲁迅出身书香世家，自幼爱好美术，且终生不倦。他对美术有着广博的知识和深刻的理解，他以自己巨大的影响力与号召力推动了我国现代美术的发展。

　　鲁迅是我国现代美育的主要拓荒者之一，他大力提倡美育，提出了一系列精辟见解，高屋建瓴，简明扼要；鲁迅是我国现代书籍装帧设计的开拓者之一，经他之手设计出版的许多书籍成为现代书籍设计的典范；鲁迅被公认为中国现代新兴木刻之父，他举办木刻讲习班，介绍西方木刻作品，指导青年木刻家创作，推介、出版青年木刻作品，使木刻成为中国现代美术界影响巨大的画种之一；鲁迅是我国现代最大的美术收藏家之一，他精于鉴赏，勤于收藏，他收藏的碑刻拓片、中外木刻作品罕有匹敌；美术影响了鲁迅的文学创作，鲁迅及其作品对美术创作产生了更深远的影响，以鲁迅及其作品为题材的美术作品蔚为大观，成为美术创作中一道独特、持久而瑰丽的风景；鲁迅是北京大学校徽的设计者，是中华民国国徽的三位设计者之一；鲁迅的书法艺术也得到世人的公认，被称为"鲁迅体"……特别重要的是，鲁迅以其扎根中国、引领时代、面向未来的一系列美术思想为中国现代美术的发展指明了方向，对中国美术的现代转型产生了巨大的影响。

鲁迅与美术是一个早已被人关注的领域，成果不少。本书作者立足当代，在广泛吸收已有研究成果的基础上，对鲁迅与美术的关系及鲁迅对中国现代美术的贡献进行全面系统的梳理研究，包括"童年与美术""鲁迅的美术思想""鲁迅的美术实践""鲁迅与新兴版画""美术视野中的鲁迅""鲁迅与中国美术的现代转型"等六章。

需要说明的是，本书所引鲁迅原文，均出自人民文学出版社2005年版《鲁迅全集》。绝大部分引文均在每页下以脚注形式注出。但如果在正文中已点明有关引文的篇名，或提供所引日记的日期和所引书信的日期、收信人，则不再加注，以免繁琐。《鲁迅全集》所收鲁迅书信、日记均以年、月、日顺序编入，《鲁迅全集》第18卷有"全集篇目索引"，甚便查阅。

又：鲁迅当年的个别用语、译语和表达方式与今天有所不同，在使用直接引语时只能完全按鲁迅的原文引用。如直（值，价值）、臧（藏）、叶（页）、那里（哪里）、迟莫（迟暮）、发见（发现）、统系（系统）、采色（彩色）、要请（邀请）、全愈（痊愈）、留黎厂（琉璃厂）、水满（漫）金山等。提到汉画像，笔者在叙述中都采用现在的规范用法"像"，但鲁迅一般都写作"象"，个别时候也写作"像"。而二十世纪八十年代出版的《鲁迅藏汉画象》，仍用"象"字。还有如"美术底创造""民族底色彩""相对底尺度""绝对底尺度""美底愉乐""阶级底美学""功利底观点""审美底观点""现实底理想""创作底版画""艺术底版画""爆发底""突进底""跃动底"等词组中的助词"底",是鲁迅当年的用法,而现在都用"的"。"旋乾转坤"一词虽然一看就懂,即扭转乾坤之意,但未见他人如此用过。至于译名与现在通行译法不同,就更多了,如理惠拉(里维拉)、陀密埃(杜米埃)、蒲力汗诺夫(普列汉诺夫)、弗罗连斯(佛罗伦萨)等,书中都随文注出了现在的规范译名。

导　言

对于美术，鲁迅历来非常谦逊。他曾反复声明，他对美术是门外汉。但鲁迅的美术修养和美术见解却是一流的。正如许广平在《鲁迅与中国木刻运动》中所说："虽则他自己总在谦逊着不懂艺术，一旦谈起来，却会比许多'大师'们内行、精通，试看他介绍木刻书的小引和给木刻研究者的通讯，便是很好的铁证。"[1]

鲁迅出身书香之家，自幼爱好美术，且终生不倦，对美术有广博的知识和深刻的理解。他以自己巨大的影响力与号召力推动我国现代美术的发展，做出了卓越贡献，值得我们认真学习研究。

鲁迅早年喜爱绘图的《山海经》，喜欢影描《西游记》《荡寇志》等古典小说的绣像。他在小本子上画过《射死八斤》，在院中的灰墙上画过尖嘴鸡爪的雷公。后来他与许广平恋爱时，还画过一幅打伞的小刺猬图画，因他戏称许广平"小刺猬"。他在回忆性散文集《朝花夕拾》后记中所画的鸭子浮水似的《活无常》，则是他流

---

[1]　人民美术出版社编.回忆鲁迅的美术活动［C］.北京：人民美术出版社，1979:6.

传至今的最著名画作。

到日本留学后，他先学医，后从事文艺运动，虽说主要是从事文学工作，但也兼及美术。他强调文艺对改良人生的重要作用，撰写了一系列充满激情的启蒙主义论文，认为社会的进步不仅需要科学，也需要文艺，需要拉斐尔等绘画大师。他准备与友人创办启蒙刊物《新生》，并精心搜集了刊物的封面和插图，有英国画家华兹的油画《希望》和俄国画家魏列夏庚的油画《英国在印度镇压革命者》。他还精心设计了他和弟弟周作人合译的《域外小说集》的封面，将古希腊式的图案与汉字篆书组合起来，试图创造一种中西合璧的书籍设计风格。

1912 年 5 月，鲁迅随中华民国教育部迁往北京，任教育部社会教育司第一科科长，负责文化、美术工作。他提倡美育，保护文物，组织美术展览，研究碑拓造像，成绩斐然。他大量搜集我国历代名家画册，关注西方美术，阅读高更的塔希提岛游记。他与我国现代早期国画名家陈师曾是同事，又是好友，这有助于他深入了解我国古代、现代绘画；他按照中华民国政府的要求，和同事一起设计了中华民国的第一个国徽，应北京大学校长蔡元培之邀设计了北京大学校徽。

1918 年，鲁迅从沉默中奋起，积极投身于新文化运动。他发表了大量小说、杂文和翻译作品，成为新文化运动的一员猛将。他密切关注美术问题，从思想革命的高度，高屋建瓴地指出："美术家固然须有精熟的技工，但尤须有进步的思想和高尚的人格。"[1]

---

[1] 鲁迅全集 1 [M].北京：人民文学出版社，2005:346. 以下凡引《鲁迅全集》，均为此版本，只注明卷次及页码。

他多次撰文论及美术问题，重视现代书籍装帧设计，亲自或鼓励美术青年设计书籍封面和插图。他关注青年画家的成长，给司徒乔、陶元庆以高度评价和鼓励，并通过对他们的评论，阐发了关于美术的"民族性""时代性"等一系列事关美术发展根本问题的重要观点。

1927年10月到达上海后，鲁迅更加自觉地参与和指导进步美术运动。他创办朝花社，翻印外国美术作品。他翻译了日本学者板垣鹰穗的《近代美术史潮论》，系统介绍了欧洲近代美术。他提倡新兴木刻，组织木刻讲习会，举办木刻展览，翻印西方木刻和我国古代木刻，指导青年木刻家创作，为他们出版作品。特别是他以自己既扎根现实又充满理想的战斗的"力之美"的美学思想为青年木刻家指明了前进的方向，影响深远，因此他被公认为中国现代新兴木刻的导师。1991年，我国设立了版画界中国政府最高奖"鲁迅版画奖"。鲁迅收藏了总计万余件的碑刻拓片、原拓中外木刻，这是一个值得深入挖掘的巨大的艺术宝库，也使鲁迅成为这一领域的最大收藏家。

鲁迅对中国现代美术的巨大贡献和影响，至今仍能给我们以宝贵的启示。

目 录

第一章　童年与美术

鲁迅从小喜欢美术。他幼年时贴在床头的年画《八戒招赘》《老鼠成亲》和绘图的《山海经》，激发了他最初的美术兴趣。他广泛搜集、影描各种画谱和绣像小说，抄写草木虫鱼等各类书籍和古文奇字，具备了较好的美术功底，这为他一生的美术活动打下了基础。

一、书香之家

鲁迅原名周樟寿，字豫才，后改名树人，鲁迅是他最常用的笔名。

鲁迅于 1881 年 9 月 25 日（清光绪七年，夏历八月初三）生于浙江绍兴城内东昌坊口的新台门周家。

周家是当地比较殷实的官宦书香之家，原住于城内覆盆桥的老台门，分智、仁、勇三支。后因人丁兴旺，便在离老台门不远的东昌坊口建起了占地一千多平方米的五进大院新台门，智、仁两支迁入，共六个房族。鲁迅家属于智支的长房——兴房。

祖父周福清在鲁迅出生前十年考中进士，为翰林院庶吉士，入庶常馆学习。三年散馆，选授江西金溪县知县。1879 年，捐升内阁中书，在京城候补。十年后实授内阁中书，一直住在北京。因性格孤傲倔强，口无遮拦，与上司、同僚相处并不融洽。1893 年，因母亲戴太君去世而回到老家绍兴。他不满意族中子弟的"没出息"，经常大发脾气，弄得全家人心惶惶。

父亲周伯宜是秀才，思想比较开明，曾说要将儿子送到国外读书，一个去东洋，一个去西洋。母亲鲁瑞也出自书香之家，性格善良而坚强，她以自学获得读书的能力。

鲁迅出生时，家庭已开始败落，但还有四五十亩水田，并不

绍兴鲁迅祖居

三味书屋

很愁生计。鲁迅是家里的长子长孙，他有两个弟弟，二弟周作人，三弟周建人。

　　鲁迅七岁开蒙读书，跟本家叔祖周玉田学习《鉴略》，这是一篇用简单的韵语编写的中国历史大纲，既能学习识字，又能了解历史知识。鲁迅十二岁到本地一家有名的私塾——三味书屋就读，直到十八岁。塾师寿镜吾对学生要求严格。在这里，鲁迅接受了完整的传统教育。十三岁时，祖父因科场舞弊案下狱。鲁迅与弟弟到舅父家短暂避难，深深体验到人情冷暖，世态炎凉。第二年，父亲又得重病，鲁迅不得不经常出入当铺和药店，为父亲买药。两年后父亲去世，祖父仍在狱中，家庭彻底败落。此时，大家族内矛盾重重，流言四起，有些指向鲁迅，说他偷了家中的东西出去变卖，等等，鲁迅倍感凄凉和悲愤。1898 年 5 月，鲁迅十八岁，他拿了母亲为他筹措的八元川资到了南京，考入洋务派创办的江南水师学堂。10 月，转入江南陆师学堂附设的矿务铁路学堂，开始接触变法维新思想、西方最新的自然和社会科学知识，阅读维新派和革命派的报刊《时务报》《苏报》、严复译述的赫胥黎的《天演论》和林纾翻译的西方小说《巴黎茶花女遗事》等，思想为之一新。

二、"心爱的宝书"

鲁迅从小喜欢美术。在其散文《狗·猫·鼠》中，鲁迅回忆道："我的床前就帖着两张花纸，一是'八戒招赘'，满纸长嘴大耳，我以为不甚雅观；别的一张'老鼠成亲'却可爱，自新郎新妇以至傧相，宾客，执事，没有一个不是尖腮细腿，像煞读书人的，但穿的都是红衫绿裤。"

所谓"花纸"就是当时家家户户过年时都张贴的民间年画。《八戒招赘》取材于神话小说《西游记》，《老鼠成亲》源自民间传说，又有童话色彩，二者均想象丰富，质朴可爱，是典型的民间艺术。鲁迅看着《老鼠成亲》的画面，梦想着遇到其中的场景："正月十四的夜，是我不肯轻易便睡，等候他们的仪仗从床下出来的夜。然而仍然只看见几个光着身子的隐鼠在地面游行，不像正在办喜事。直到我熬不住了，快快睡去，一睁眼已经天明，到了灯节了。"这两张年画在鲁迅幼小的心灵里播下了美术的种子。

开蒙读书以后，鲁迅对图画的兴趣更加浓厚。鲁迅得到的第一本图画书是《二十四孝图》，薄薄的一本，下图上说，鲁迅高兴极了。但听人讲完二十四孝的故事后，才知道"孝"有如此之难，便深感扫兴。

玉田老人对鲁迅影响最大的不是他的授课，而是他丰富的藏书，特别是他所藏的图画书。鲁迅在其散文《阿长与〈山海经〉》中回忆道：“在我们聚族而居的宅子里，只有他书多，而且特别。制艺和试帖诗，自然也是有的；但我却只在他的书斋里，看见过陆玑的《毛诗草木鸟兽虫鱼疏》，还有许多名目很生的书籍。我那时最爱看的是《花镜》，上面有许多图。他说给我听，曾经有过一部绘图的《山海经》，画着人面的兽，九头的蛇，三脚的鸟，生着翅膀的人，没有头而以两乳当作眼睛的怪物，……可惜现在不知道放在那里了。”

　　鲁迅说，他很愿意看看这样的图画，但不好意思逼玉田老人去找。玩的时候倒没什么，一坐下，他就想起绘图的《山海经》！因为总是念叨，连保姆长妈妈也知道了。有一次，长妈妈告假回来，高兴地对鲁迅说：

　　“哥儿，有画的‘三哼经’，我给你买来了！”

　　这突然的惊喜让小鲁迅全身都震悚起来。那是四本小小的书，一页一图，人面的兽、九头的蛇果然都在里面！虽说刻印都十分粗拙，但鲁迅说：“这四本书，乃是我最初得到，最为心爱的宝书。”

　　此后鲁迅就进一步搜集绘图的书，于是就有了石印的《尔雅音图》《毛诗品物图考》《点石斋丛画》和《诗画舫》。《山海经》也另买了一部石印的，每卷都有图赞，绿色的画，红色的字，比那木刻的精致多了。据鲁迅的二弟周作人回忆，他们先后买来的图画书还有《海仙画谱》《百将图》《芥子园画传》《天下名山图咏》《古今名人画谱》《海上名人画稿》《晚笑堂画传》《梅岭百鸟画谱》、王冶梅的《三十六赏心乐事》、马镜江的《诗中画》，以及《西游记》《荡寇志》等绣像小说。

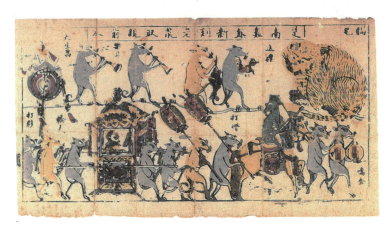

"花纸"《老鼠成亲》

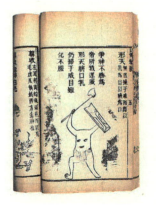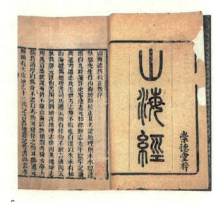

绘图《山海经》

他们最早买来的图画书是陈淏子的《花镜》，是用二百文钱从一个同窗的本家那里得来的。还有两册石印的《毛诗品物图考》，这书最初是在他大舅父家见到，小本两册，原书是日本冈元凤所作，引用《诗经》里的句子，将草木虫鱼分别绘图列说，比较精美。鲁迅非常喜欢，回家后就到街上的书铺里买了一部。

另外，家里藏有两三箱破烂书，也被鲁迅翻遍了，主要是找图画看。他父亲原有两本《尔雅音图》，是石印小本，一页有四个图。家里还藏有任渭长画的《于越先贤像传》《剑侠图传》，画得别致好看。还有四本《百美新图》，全是差不多一样的女人，看了觉得单调。弹词《白蛇传》也有图，但他们无甚兴趣，只是因同情白娘子、痛恨法海，将法海的眼睛挖烂了。

这些画册，有许多是传授国画技法的书，如《芥子园画传》就是清代流传最广的一部绘画技法著作，它全面介绍了中国画中的山水、人物、花鸟画技法，是一部总结性的、集大成式的画谱。再如《海仙画谱》，是日本人小田海仙编的一部中国人物画技法书，其中介绍了海仙十八描法，有钉头描、鼠尾描、枣核描等，还画了些罗汉，很有趣味。那时，孩子看画书往往被认为是不务正业，要遭到大人责备。他们偷偷把书藏在楼梯底下，后来被父亲发现，但父亲并没有责备他们，这无形中也鼓励了他们对绘画的兴趣。

三、抄书与画画

看得多了，自己就想动手试一试。鲁迅最喜欢影描小说的绣像。到大舅父家避难时，鲁迅向表兄借了绣像本长篇小说《荡寇志》，开始影描其中的绣像。《荡寇志》又名《结水浒传》，清道光年间绍兴人俞万春作，是一部立意反动的小说，它反《水浒传》而行之，主张由张叔夜率领官兵荡平梁山。但是其文章作得不错，绣像也画得好。鲁迅当时见到的是道光年间的木刻原版书，书本较大，画像比较生动，像赞也用篆隶真草各体分书，相当精工。鲁迅便买了一种比较好的纸，名叫"荆川纸"，来一张张影描绣像，像赞的字也照样影写下来。此书有绣像一百来幅，他一张张影描，订成一大本，后来卖给一位有钱的同学了。他还影描过《西游记》的绣像。

从舅舅处回家后，鲁迅的影写更进一步，影写的不仅有小说的绣像，还有纯粹的绘画。如马镜江的《诗中画》，描写诗词中的景物，是山水画而点缀些人物，描起来要难得多了。但是鲁迅却耐心地全部影写完毕，照样订成两册。周作人回忆说："那时看过的印象觉得与原本所差无几，只是墨描与印刷的不同罢了。"可见鲁迅影写的技术已经很好了。

鲁迅爱书，遇到喜欢的书，便买下来，有些买不到的书，鲁迅便借阅，特别喜欢的便影写下来。他喜欢抄书，最初是抄录《康熙字典》中的古文奇字，从小本《康熙字典》的"一"部抄起，把上面所列的古文，一个个地都抄下来，订成一册。还有一种是王磐的《野菜谱》，是一部讲"荒政"的书，即是说遇到荒年，粮食不够，哪些野菜可以吃。它在每一幅植物图上都有一首题词，鲁迅非常喜欢，就影写下来。他最喜欢抄草木虫鱼的书，如《南方草木状》《花镜》《兰蕙同心录》等。他分门别类抄录了《唐诗叩弹集》中的百花诗。他还从一部借来的《唐代丛书》中抄了陆羽的《茶经》三卷和陆龟蒙的《五木经》《耒耜经》各一篇。他还抄了玉田公公所作《鉴湖竹枝词》一百首，祖父作的《桐华阁诗钞》等。

鲁迅喜欢看画书，也爱画画。他从邻家的杂货店里买了一种薄而白的荆川纸，对折订成小册子，用于抄写或绘画。他在上面画了不少漫画，其中有一幅名曰《射死八斤》。

八斤是一个比鲁迅大三四岁的男孩，租住在鲁迅家里，夏天常赤身露体，手里拿着自己做的钉头竹枪，跳进跳出地乱戳，口里不断地喊叫："戳伊杀，戳伊杀！"鲁迅兄弟忍受不住，便画画以泄愤。他画了一个人倒在地上，胸口上刺着一支箭，名曰《射死八斤》。后来被父亲发现，父亲问明情由，并没有严厉责罚，只是撕掉了事。

他十一岁时，在家中的墙上用铁钉画了一些图像，其中有一幅是尖嘴鸡爪的雷公。这画像在1919年底他们卖掉老屋时仍清晰可见。当时，周建人看着大哥二十多年前所画的这幅画，想到先辈们花费无数心血、寄托无限希望、他们多年来聚族而居的这所老宅即将易主，宅子里的人们即将树倒猢狲散，不禁感慨万千。

鲁迅还给三弟建人画过一幅水墨扇面：一块大石头，旁边生着天荷叶（虎耳草的俗称）和一些杂草，有一只蜒蚰螺（即蜗牛）在石头上爬着，虽然画面简单，却很生动，很有风致。

到南京读书后，鲁迅开始接触新思想，他知道了世界上还有所谓格致、算学、地理、历史、绘图和体操。他阅读了严复译述的赫胥黎的《天演论》，那"物竞天择，适者生存"的思想让他震惊觉醒。鲁迅除了学习功课，阅读新思潮的书以外，仍关注着美术，他购买了《百鸟图说》《百兽图说》《曲园墨戏》等书。他在学习专业时，也充分发挥了自己的美术特长。在矿务铁路学堂学习时，要抄录老师写在黑板上的内容，除了文字，还有插图。全班二十几个人，鲁迅最小，可他画得又快又好，同学们有的因为赶不及，下课后便托他代为补绘。他还将英国著名地质学家赖尔的两大册的《地学浅说》，非常精密地照样抄写了一部，连其中的插图也一并描下来。他还自绘陆师学堂俯视图一张。

后来，鲁迅在非艺术领域仍发挥其绘画特长。他和顾琅合著《中国矿产志》，当他发现日本农商务省地质矿山调查局的秘本《中国矿产全图》后，"急转借摹绘。放大十二倍。付之写真钢版以供祖国。图中并附世界各国地质构造图二张，尤便于学者之参考。"该书1906年5月初版，同年12月增订再版，1907年1月增订三版。在8个月内，连续出版3次，在当时产生了很大的影响。在东京，鲁迅还买了《植物学》两厚册，其中着色的插图很多。

1909年，鲁迅因家庭经济需要回国，先后在杭州、绍兴等地任教。任杭州两级师范学堂生理学化学教员期间，他灯下看书，每至深夜，有时还帮助许寿裳译讲义，绘插图。在杭州和绍兴，鲁迅还喜欢采集、制作和研究植物标本，良好的美术功底也有助于他做好这些工作。

　　直到1912年到北京后，鲁迅还继续进行一些绘画基本功训练。1912年12月21日他在日记中记载："又觅得《晚笑堂画传》一部，甚恶，亦以七角银购置之，以供临习。"

第二章 鲁迅的美术思想

　　鲁迅对我国现代美术的影响首先是其美术思想。从留学日本时期的弃医从文，到民国初期从事和提倡美育；从五四时期关注美术革命，到后期提倡无产阶级革命文艺；从书籍装帧的革新实践，到提倡战斗的新兴版画：鲁迅始终以其适应时代要求的艺术思想引领中国现代美术的前进方向。

一、从医学到文艺

　　1902 年 3 月，鲁迅由江南督练公所派赴日本留学。他先入东京弘文学院学习日语，课余喜欢读哲学和文艺类书籍，如拜伦的诗歌、尼采的传记和古希腊罗马神话等。他也喜欢我国伟大的浪漫主义诗人屈原的《离骚》。他尤其注意于人性和国民性问题的研究，据其好友许寿裳在《亡友鲁迅印象记》中回忆，他们经常讨论三个相关的问题：

　　一、怎样才是理想的人性？

　　二、中国国民性中最缺乏的是什么？

　　三、它的病根何在？

　　当时，维新、革命思潮风起云涌，留日学生大增，思想活跃。1902 年，革命党人章太炎、孙中山齐聚东京，发起"中夏亡国二百四十二年纪念会"以励光复，留学生杂志如雨后春笋。11 月，鲁迅与许寿裳、陶成章等百余人组成浙江同乡会，决定出版月刊《浙江潮》，作为革命汹涌的象征。其发刊词云："忍将冷眼，睹亡国于生前，剩有雄魂，发大声于海上。"上面登载了章太炎先生的狱中诗四首和表彰明末著名抗清志士的《张苍水集后序》，为鲁迅所爱读。鲁迅应邀为刊物撰文，发表了表现古代斯巴达人爱国尚武精神的《斯巴达之魂》、介绍中国地质和矿产情况的《中国地质略论》、介绍最新科学发现的《说鎝》，翻译了法国小说家雨果的散文《哀尘》，还编译出版了儒勒·凡尔纳的科幻小说《月界旅行》和《地底旅行》等，思想活跃，激情澎湃。特别是《斯巴达之魂》，借古代斯巴达人英勇抗敌的悲壮，来激励中华民族的志气，今天读来，仍觉热血沸腾。这些作品署名索士或自树，表达了他的独立精神和探索精神。

1903 年 3 月，鲁迅剪去发辫，并拍摄断发照以明志：

灵台无计逃神矢，

风雨如磐暗故园。

寄意寒星荃不察，

我以我血荐轩辕。

从弘文学院结业后，因有感于中医的落后和日本维新大半发端于西方医学的事实，1904 年 9 月，鲁迅赴仙台医学专门学校学医。他准备学成归国，救治一些像他父亲那样痛苦的病人，战争的时候便去当军医。在这里他遇到了让他终生感激的藤野先生。但一次看似偶然的事件改变了他的人生道路。那时，正值日俄战争时期，日本和俄国为各自的利益在中国东北地区开战。有一次，学校放日俄战争的时事影片，其中有一个中国人，据说为俄国人作侦探、被日本人抓住了，将要被杀头。四周有一群围观的中国人，体格健壮而神情麻木。鲁迅突然觉悟到，最重要的是改变国人的精神："因为从那一回以后，我便觉得医学并非一件紧要事，凡是愚弱的国民，即使体格如何健全，如何茁壮，也只能做毫无意义的示众的材料和看客，病死多少是不必以为不幸的。所以我们的第一要著，是在改变他们的精神，而善于改变精神的是，我那时以为当然要推文艺，于是想提倡文艺运动了。"[1]

1906 年 3 月，鲁迅回到东京，开始从事文艺运动。他主要准备做两件事：一是创办刊物《新生》，取自意大利诗人但丁的同名诗歌，意为新的生命，表现出强烈的革新精神。二是翻译外国小说，主要是俄国和东欧、巴尔干等被压迫民族的作品，是反压迫、反暴政的文学。当时留日学生有很多学法政警察和理化工业的，但几乎没有人愿意从事文学和美术。

《新生》最终因资金和人手缺乏没有办成，《域外小说集》虽出两集而销量太少，根本收不回成本，也难以为继。

后来，鲁迅将撰写的论文《人之历史》《科学史教篇》《文化偏至论》《摩罗诗力说》和翻译的《裴彖飞诗论》等在另一留学生刊物《河南》发表。在这些文章中，鲁迅抨击了当时流行的崇尚物质文明和立宪国会的观点，提出了系统的思想革命主张：

掊物质而张灵明，任个人而排众数。

是故将生存两间，角逐列国是务，其首在立人，人立而后凡事举；若其道术，乃必尊个性而张精神。

————————
[1] 鲁迅全集 1［M］.439.

他慷慨激昂，强调个性解放和精神力量，提倡"立意在反抗，指归在动作"的摩罗精神。

鲁迅所提倡的文艺运动，主要是以思想启蒙为宗旨的文学运动，但也兼及美术。在日本期间，鲁迅已对欧洲美术史有了一定的了解。他在《科学史教篇》的结尾说："使举世惟知识之崇，人生必大归于枯寂，如是既久，则美上之感情漓，明敏之思想失，所谓科学，亦同趣于无有矣。"所以，他认为人们不但需要科学家，也需要文艺家，如诗人莎士比亚、画家拉斐尔、音乐家贝多芬等，这样才能"致人性于全，不使之偏倚，因以见今日之文明者也"。

《新生》虽未办成，但鲁迅已准备好杂志的封面和插图。封面是从一本德国出版的画集中影摹下来的装饰画。当时与鲁迅一起从事文艺运动的鲁迅的二弟周作人说："鲁迅的《新生》杂志终于没有办成，但计划早已定好，有些具体的办法也已有了。……第一期的插画也已拟定，是英国十九世纪画家瓦支（现译华兹）的油画，题云《希望》，画作一个诗人，包着眼睛，抱了竖琴，跪在地球上面。英国出版的《瓦支画集》买有一册，材料就出在这里边，还有俄国反战的战争画家威勒须却庚（现译魏列夏庚）他也很喜欢，特别其中的髑髅塔，和英国军队把印度革命者缚在炮口处决的图，这些大概是预备用在后来几期上的吧。"[1]

华兹的《希望》的确能表现鲁迅当时朦胧的理想：画面上一位年轻的女神，坐在象征世界的地球上，低着头，蒙着眼睛，在晨曦中弹拨着仅剩下一根弦的古希腊七弦琴，并侧耳倾听这根弦

---

[1] 周作人.关于鲁迅[M].止庵编.乌鲁木齐：新疆人民出版社，1997：162.

上发出的微弱的乐音。

1909 年，鲁迅与周作人出版了《域外小说集》第一、二册，共收 16 篇作品。与流行的林译小说不同，这些小说以俄国、东欧为主，多表现被压迫者的疾苦和反抗，是为人生的文学，思想独特，手法新颖。诚如鲁迅《序言》所说："《域外小说集》为书，词致朴讷，不足方近世名人译本。特收录至审慎，迻译亦期弗失文情。异域文术新宗，自此始入华土。使有士卓特，不为常俗所囿，必将犁然有当于心，按邦国时期，籀读其心声，以相度神思之所在。则此虽大涛之微沤与，而性解思惟，实寓于此。中国译界，亦由是无迟莫之感矣。"小序篇幅简短，而气魄宏大，理想高远。鲁迅所译的安德烈夫的《谩》和《默》、迦尔洵的《四日》，都代表了当时最新的文学趋向。

《域外小说集》的封面由鲁迅设计，装帧非常讲究。一是"毛边"不切，版式疏朗大方，是鲁迅提倡并实践"毛边书"的开始。初版《略例》指出："装钉均从新式，三面任其本然，不施切削，故虽翻阅数次绝无污染。前后篇首尾，各不相衔，他日能视其邦国古今之别，类聚成书。且纸之四周，皆极广博，故订定时亦不病隘陋。"二是重视封面设计，图文并茂，且用纸讲究。淡蓝色底面，上有横式图案，画古希腊神话中的文艺女神缪斯在晨曦中弹奏竖琴，下有其好友、近代著名国画家陈师曾用篆书写的书名，体现了鲁迅中西融合的设计尝试。周作人说："《域外小说集》在那时候要算印得特别考究，用一种蓝色的'罗纱纸'做书面，中国可以翻作'呢纸'吧，就是呢布似的厚纸，上边印着德国的图案画，题字是许季茀（据鲁迅说，应是陈师曾）。依照《说文》所

鲁迅编纂并设计封面的《域外小说集》

写的五个篆文，书的本文也用上好洋纸，装订后切下边，留着旁边不切，可是定价却很便宜，写明是‘小银元二角’，即是小洋两角。”[1] 当时准备与鲁迅一起从事文艺运动的许寿裳说：“《域外小说集》初印本的书面也是很优美的，图案是希腊的艺术，题字是篆文的‘或外小说人’，纸质甚佳，毛边不切。”[2] 1938 年编辑《鲁迅全集》时，许广平得到一部《域外小说集》下册，“封面完好如初，作淡蓝色，上署篆书‘域外小说集’‘会稽周氏兄弟纂译’等字，毛边精装，书式仍极美观”。[3]

现在看来，将有古希腊风格的图画与古奥的中国篆字放在一起并不十分协调，但在当时无疑是很有创意的尝试。《域外小说集》第一册印 1000 册，第二册印 500 册，本来准备继续印下去，但因销路不佳，收不回本钱而作罢。

尽管历经曲折，备受挫折，但在日本时期，鲁迅已形成鲜明的启蒙思想和为人生的文艺观，为他以后的文学、美术活动奠定了坚实的基础。

[1] 周作人．知堂回想录［M］．北京：群众出版社，1999：207.

[2] 许寿裳．亡友鲁迅印象记［M］．武汉：长江文艺出版社，2019：130.

[3] 许广平．鲁迅全集编校后记［M］//鲁迅全集 20. 北京：同心出版社，2014：340.

二、美育的理论与实践

1912 年 1 月 1 日，中华民国临时政府成立于南京，鲁迅应教育总长蔡元培之邀，到教育部任职。同年 5 月，随教育部迁居北京，住宣武门外南半截胡同绍兴会馆，8 月被任命为教育部佥事、社会教育司第一科科长。这时，民国初建，政局不稳，孙中山辞去临时大总统职务，袁世凯就任大总统。接着是尊孔读经、洪宪帝制、袁世凯病死、府院之争、张勋复辟……教育部也极不稳定，抵京不久，蔡元培即于 7 月辞职，继任总长范源濂，此后教育总长频繁更迭，如走马灯一般。

鲁迅在教育部工作长达 14 年，直到 1926 年 8 月南下厦门为止。期间又以 1918 年 5 月发表《狂人日记》、参加新文化运动为界，分前、后两个时期。前期因政局动荡，政治险恶，鲁迅情绪比较低沉。他白天处理公务，晚上埋头于"钞古碑"。但他此时的工作却与美术关系密切，主要有提倡美育，组织美展，研究古代画像石和书画，设计中华民国国徽和北大校徽。

社会教育司第一科的职责是主管图书馆、博物馆、美术馆、美术展览、文物调查与搜集等事宜，实际上它就是当时全国最高的文化艺术管理机构。蔡元培任教育总长时，热心提倡"美育"，提出"以美育代宗教"说。他深受德国哲学家、美学家康德和席勒的影响，认为美感具有普遍性，可以破人我之偏见；美术具有超越性，可以超利害之计算，有浓厚的理想、空想色彩。但在当时却具有革命的意义，影响很大。鲁迅深知其意，到教育部不久，便在暑期演讲会演讲美术和美育，题为《美术略论》。

据鲁迅 1912 年日记记载：

> 六月二十一日，下午四时至五时赴夏期讲演会演说《美术略论》，听者约三十人，中途退去者五六人。
>
> 六月二十八日，……四时赴夏期讲演会述《美术略论》，至五时已。
>
> 七月五日，大雨。下午四时赴讲演会，讲员均乞假，听者亦无一人，遂返。
>
> 七月十日，晴，热。上午九时至十时诣夏期讲习会述《美术略论》，听者约二十余人。
>
> 七月十七日，雨。……上午九时至十时在夏期讲习会述《美术略论》，初止一人，终乃得十人。是日讲毕。

演讲共四次，体现了鲁迅对美术及美育的重视和热心。但让鲁迅觉得不可思议的是，在鲁迅讲演期间，蔡元培提出辞职并被批准。接着，临时教育会议定删除美育。鲁迅对此极为愤怒，他在七月十二日日记中写道："闻临时教育会竟删美育，此种豚犬，可怜可怜！"所幸临时教育会并不是行政会议，它所议决的事项，教育部可以作为参考，不一定必须采纳。1912 年 9 月，大总统袁世凯批准公布的教育部"教育宗旨"，仍将美育作为教育的重要内

儗播布美術意見書

周樹人

一 何為美術

美術為詞中國古所不道此之所用譯自英之愛忒（Art or fine art）愛忒云者原出希臘其誼為藝是有九神先民所祠以襄工巧之具足亦猶華土工師無不有榮祀拜禱矣顧在今茲則詞中函有美誼之意反是者不嘗以美術稱

希臘之民以美術著于世然其造作初無研殫憑直覺之力以判別天物美惡惟其為擊敏故所成就者神矣凡有人類能具二性一曰愛二曰作者嘗聲如曙日出海瑤草作華若非白痴莫不領會感動既有領會感動則二才士能使再現以成新品是謂美術

物非必圓滿華或粗糲再現之際常加收造俾其得宜是曰美化緣美術必有此三要素故與他物之界域絕異術有三要素一曰天物二曰思理三曰美化緣美術必有此三要素故與他物之界域絕異

葉樣添之色亂金似矣而不得謂之美術象兩方寸文字千萬模桃一丸彙楣數重精矣而不得謂之美術太古之遺物絕域之奇器嚴刻玉之狀為美術其具繁可以弛張什器輕於摭取便於用矣而不得謂之美術

術之幾案可以赤陸離班斕以其載刺著人目精艷矣而非必為美術此尤不可不辨者也

二 美術之類別

由前之旨可知美術云者即用思理以美化天物之謂苟合於此則無間外狀若何咸得謂之美術如彫

容，其要求是："注重道德教育，以实利教育，军国民教育辅之，更以美感教育完成其道德。"

从鲁迅记载的听课情况看，当时人们对美育也不太重视，听者不多。这次讲稿没有保留下来。但半年以后，1913 年 2 月鲁迅在《教育部编纂处月刊》发表了《拟播布美术意见书》。这是一篇系统的美术和美育论文，也是在全国宣传普及美术的工作纲领，不仅具有划时代的理论意义，也具有重要的实践意义。

《拟播布美术意见书》讲了四个问题：

一、何为美术？

二、美术之类别。

三、美术之目的与致用。

四、播布美术之方。

鲁迅此文所谓"美术"，既包括今天所谓美术，即绘画、雕塑、建筑，也包括音乐和文章（此处即指文学），相当于今天的"文学艺术"，或广义的"艺术"，而主体是美术。

鲁迅首先辨明美术的本质。他简明扼要地介绍了西方现代学者关于美术和艺术的概念。他认为"美术"这一概念非中国所有，而是译自外国。他说：

　　凡有人类，能具二性：一曰受，二曰作。受者譬如曙日出海，瑶草作华，若非白痴，莫不领会感动；既有领会感动，则一二才士，能使再现，以成新品，是谓之作。故作者出于思，倘其无思，即无美术。然所见天物，非必圆满，华或槁谢，林或荒秽，再现之际，当加改造，

俾其得宜，是曰美化，倘其无是，亦非美术。故美术者，
有三要素：一曰天物，二曰思理，三曰美化。缘美术必
有此三要素，故与他物之界域极严。

美术云者，即用思理以美化天物之谓。

他特别辨明工艺雕刻、实用器具、奇器文物、绚丽的色彩，
都不是美术。他说："象齿方寸，文字万千，核桃一枚，台榭数重，
精矣，而不谓之美术。"

实际上，鲁迅所坚持的是西方现代的纯艺术观念。他特别
强调美术中"思理"的重要，与他一贯强调的思想革命相一致。
五四时期，鲁迅在《随感录四十七》中批评了那种以雕虫小技为
艺术的观点。他认为，在半寸方的象牙片上刻一篇行书《兰亭序》，
且需要用显微镜看，是纯粹的技巧炫耀，费时费力，不能给人任
何启发，毫无意义。直到晚年，鲁迅仍坚持这一观点，他在《小
品文的危机》中批评了文学和美术中的"小摆设"。

至于美术的作用，鲁迅认为："主美者以为美术目的，即在
美术，其于他事，更无关系。诚言目的，此其正解。""美术诚谛，
固在发扬真美，以娱人情，比其见利致用，乃不期之成果。"此说
与他在《摩罗诗力说》中所说"文章不用之用"完全一致。这一
思想使鲁迅在以后讨论文学、美术的作用时，尽管侧重点有所变
化，但坚决反对狭隘的艺术工具论，而强调文艺作品的艺术性。

但鲁迅并不反对美术"主用"说。他用相当大的篇幅论述了
美术的三大作用，即美术可以"表见文化"，可以"辅翼道德"，
可以"救援经济"。接着，鲁迅又以美术"本有之目的"和这三大

作用为依据，说明美术之重要及播布美术之方。由此可见鲁迅美术思想的辩证统一，灵活包容。作为一个以改造国民性为己任的思想家、文学家，鲁迅不可能走进不问世事的"艺术之宫"和"象牙之塔"。

最后，鲁迅提出播布美术的三项措施：一是建设事业，包括建设美术馆、剧场、奏乐堂，举办美术展览会、文艺会。二是保存事业，包括著名之建筑、碑碣、壁画及造像、林地。三是研究，包括中国古乐研究和民间文学研究，以发扬光大。

为了给我国美育建设以参考借鉴，鲁迅此时还翻译了日本学者上野阳一的论文《艺术玩赏之教育》《社会教育与趣味》和《儿童之好奇心》，高岛平三郎的《儿童观念界之研究》等，连其中涉及的六部参考书目也一并译出，还撰写了译者附记，表现了鲁迅对我国美育建设的高度关注。这些译文均于1913年发表在《教育部编纂处月刊》上。

为了实施美育，鲁迅曾和同事一起到天津考察"新剧"，到天坛和先农坛考察能否将两地辟为公园。他参加了教育部成立的美术调查处的领导工作，调查中外美术的基本情况和作品复制问题，为筹建美术馆、博物馆做准备。他参与组织了儿童艺术展览会和专门以上学校成绩展览会，并从儿童艺术展览会中择优选出送往巴拿马万国博览会参展的作品。他参加大学专门课程讨论会，讨论美术学校的课程设置。他参与筹建历史博物馆，并为其多方搜集文物。他还参加了通俗教育会，并任小说股主任。在该会通过的《审核小说之标准》中，也注意到各种小说的封面与绣像插图等。

三、美术革命与思想革命

　　1915 年 9 月，陈独秀在上海创办《青年杂志》(后改名为《新青年》)，在创刊号上发表《敬告青年》，标志着新文化运动的开始。

　　1916 年底，蔡元培就任北京大学校长，聘陈独秀为北京大学文科学长，《新青年》随之迁往北京。蔡元培秉承"思想自由，兼容并包"原则，聘请一批进步人士到北大任教。于是，围绕《新青年》形成了一个强有力的新文化群体，他们是蔡元培、陈独秀、胡适、李大钊、鲁迅、周作人、钱玄同、刘半农等，他们高举民主、科学的旗帜，向封建旧文化发起猛烈进攻。1917 年 1 月，胡适在《新青年》上发表《文学改良刍议》，2 月，陈独秀发表《文学革命论》，举起了文学革命的大旗。他们反对旧文学，提倡新文学，反对文言文，提倡白话文，揭开了中国现代文学的序幕。1919 年五四运动爆发，将新文化运动推向高潮。

　　新文化运动再次燃起了鲁迅思想革命的热情。1918 年 5 月，鲁迅在《新青年》上发表白话小说《狂人日记》，参加了新文化运动，从此便一发而不可收。他陆续发表小说《孔乙己》《药》，发表杂文《我之节烈观》《我们现在怎样做父亲》以及系列"随感录"，成为新文化运动的一员猛将。

　　美术革命也是新文化运动的重要组成部分。早在 1917 年，维新派领袖康有为就说："中国画学至国朝而衰弊极矣。岂止衰弊，至今郡邑无闻画人者。其遗余二三名宿，摹写四王、二石之糟粕，枯笔数笔，味同嚼蜡，岂复能传后，以与今欧美、日本竞胜哉？"[1]1919年1月，吕澂与陈独秀在《新青年》上以通信的形式提出了"美术革命"的口号，对中国画坛的现状和弊病进行了激烈的批判。吕澂认为："窃谓今日之诗歌戏曲，固宜改革；与二者并列于艺术之美术，尤极宜革命。"[2]他批判学习中国画者，非文士即画工，雅俗过当，习西画者徒袭西画之皮毛，以艳俗迎合庸众。进行美术革命，应阐明美术的范围及实质，阐明唐代以来中国美术的源流和理法，阐明欧美美术的变迁和现在美术各派的真相，并以美术真谛的学说，印证东西新旧各种美术，得其真正之是非，使有志于美术者，各能求其归宿而发扬光大之。陈独秀则批评当时的中国画知临摹而不知创造，重写意而不尚肖物，并鲜明提出：

> 改良中国画，断不能不采用洋画写实的精神。
>
> 画家也必须用写实主义，才能够发挥自己的天才，
>
> 画自己的画，不落古人的窠臼。[3]

鲁迅对美术问题极为关注，早在1918年12月29日，他就在《每周评论》第二号新刊"批评栏"里发表《〈美术〉杂志第一期》，

[1] 康有为.《万木草堂藏画目》序[C]// 殷双喜主编.20世纪中国美术批评文选.石家庄：河北美术出版社，2017：72.

[2] 水如编.陈独秀书信集[M].北京：新华出版社，1987：241—242.

[3] 水如编.陈独秀书信集[M].北京：新华出版社，1987：240.

鲁迅参与编辑的《新青年》

对新出的一份美术刊物寄予厚望，他说："我希望从此能够引出许多创造的天才，结得极好的果实。"

《美术杂志》为半年刊，1918年10月创刊，上海图画美术学校出版。该校是我国现代第一所私立美术学校，1912年11月由刘海粟等人创办。

鲁迅向新文化界介绍了这份美术杂志，对《美术杂志》及美术界提出了殷切希望，同时对其中的错误观点予以毫不客气的批评。1918年10月，《新青年》开辟一个很奇特的栏目"什么话？"专门辑录当时社会上典型的荒谬言论，予以曝光。1919年2月15日《新青年》第六卷第二号刊载了鲁迅所辑录的5条，其中有一条关于美术的，就辑自上海《美术杂志》第一期，该刊登载了唐熊的《国粹画源流》，其文曰："……孰知欧亚列强方广集名流，日搜致我国古来画事，以供众人之博览；俾上下民庶悉心参考制作，以致艺术益精。虽然，彼欧洲之人有能通中国文字语言，而未有通中国之画法者，良以斯道进化，久臻神化，实予彼以不能学。此足以自豪者也。"这是典型的自我陶醉，妄自尊大，可见当时国画界的保守分子无知到何种程度，也可见鲁迅对这种可笑见解的不屑和反对。

鲁迅关注美术问题，但他的根本着眼点在思想革命。他对美术的见解主要体现在他对《泼克》上发表的漫画和言论的相关评论上。所谓"泼克"，即英文"Puck"的译音，最初指魔鬼或邪恶的精灵，在莎士比亚的戏剧中，他演化成一个擅长搞恶作剧的小精灵。后来，一些英语漫画刊物就命名为"Puck"，并影响到世界其他国家。当时，上海有两种《泼克》，一是《上海泼克》，又名《泊尘滑稽画报》，由沈泊尘创办，1918 年 9 月创刊，同年 12 月停刊，每月一期，共出四期。这是中国最早的漫画专刊。一是上海《时事新报》的副刊，全名为《时事新报星期增刊"泼克"》，1919 年元月创刊，同年 10 月停刊，沈泊尘也是重要撰稿者。这是中国新闻史上最早的报纸漫画副刊。

鲁迅针对两种《泼克》发表了随感录四十三、四十六、五十三。

在《热风·随感录四十三》中，鲁迅开宗明义地写道：

> 美术家固然须有精熟的技工，但尤须有进步的思想与高尚的人格。他的制作，表面上是一张画或一个雕像，其实是他的思想与人格的表现。令我们看了，不但欢喜赏玩，尤能发生感动，造成精神上的影响。

> 我们所要求的美术家，是能引路的先觉，不是"公民团"的首领。我们所要求的美术品，是表记中国民族知能最高点的标本，不是水平线以下的思想的平均分数。

刺激鲁迅发此议论的是《时事新报》增刊《泼克》上发表的几张讽刺画，其画法模仿西洋，而思想非常顽固，将讽刺画变成了人身攻击的工具。鲁迅并未就事论事，而是由此生发开去，指出学习西方艺术时"皮毛改新，心思仍旧"所造成的恶果，并提出了对新美术创作具有根本指导意义的观点。

随感录四十六也是针对增刊《泼克》，主要讲两个问题。

其一，鲁迅说："民国八年正月间，我在朋友家里见到上海一种什么报的星期增刊讽刺画，正是开宗明义第一回；画着几方小图，大意是骂主张废汉文的人的；说是给外国医生换上外国狗的心了，所以读罗马字时，全是外国狗叫。"1919 年 1 月 5 日，该刊登载了沈泊尘的六幅漫画，其文字说明云："某新学家主张废弃汉字"；"然习罗马文又苦于格格不入，乃叩诸医生问焉"；"医生请以罗马犬之心易其心"；"某新学家易心后试读罗马拼音，人聆之则居然罗马犬吠也！"鲁迅认为他们画刊的名字"泼克"本身就不是中国话，他们"学了外国画，来骂外国话，然而所用的名目又仍然是外国话"，这是自相矛盾。1918 年，新文化的闯将钱玄同发表《中国今后的文字问题》一文，提出"废孔学，不可不先废汉字；欲驱除一般人之幼稚的、野蛮的思想，尤不可不先废汉字"，得到一些激进新文化人士的赞同，鲁迅也是其中之一。但对绝大多数中国人来说，这一观点惊世骇俗，绝难接受。沈泊尘予以反对，实在情理之中，但其讽刺画中骂主张者有"罗马犬之心"，近乎谩骂，格调不高。废除汉字之说在中国现代几经讨论，并无结果。今天看来，这一主张动机虽好，但脱离中国文化实际，难以实行。

其二，鲁迅说："这几天又见到一张所谓《泼克》，是骂提倡新文艺的人了。大旨是说凡所崇拜的，都是外国的偶像。"1919 年 2 月 9 日，增刊《泼克》载有沈泊尘的讽刺新文艺的画，共四幅。文字说明中有某文学者"常出其所著之新文艺以炫人"，"然其思想之根据乃为外国偶像"等语。鲁迅则针锋相对地指出："我辈即使才力不及，不能创作，也该当学习；即使所崇拜的仍然是新偶像，也总比中国陈旧的好。"而且鲁迅特别指出，"不论中外，诚然都有偶像。但外国是破坏偶像的人多；那影响所及，便成就了宗教改革，法国革命。旧像愈摧破，人类便愈进步。"他还列举了近来欧洲的偶像破坏大人物达尔文、易卜生、托尔斯泰、尼采等人。由此可见鲁迅反对旧文化，提倡新文化，反对旧美术，提倡新美术的坚定态度。

随感录五十三针对的是《上海泼克》。1918 年 12 月，该刊载有抱一（即陈抱一）的讽刺画《目盲心盲之美术家》，并附有如下的文字说明："近来上海之研究美术者多矣，然其斤斤讨论者，皆系十九世纪之美术也，纵有新艺术在其目前，亦不能见，盖若辈非盲于目即盲于心也。"

鲁迅认为此画此言"不甚可解"，"实在令人难解"："研究十九世纪的美术，何以便是盲目盲心？十九世纪以后的新艺术真艺术，又是怎样？"鲁迅认为，中国美术界的普遍问题是不认真研究西方美术，思想陈旧，技巧幼稚。他说："我看这些美术家的作品，不是剥制的鹿，便是畸形的美人，的确不甚高明，恐怕连十'八'世纪，也未必有这类绘画：说到底，只好算是中国的所谓美术罢了。""《泼克》美术家满口说新艺术真艺术，想必自己懂得这新艺术真艺术的了。但我看他所画的讽刺画，多是攻击新文艺新思想的。——这是二十世纪的美术么？这是新艺术真艺术么？"

需要说明的是，鲁迅虽不是美术家，但他对美术非常了解，且见解深刻，眼界很高。况且，当时新文化、新美术正处于艰难的起步阶段，先驱者们都以极其坚决的态度反对旧文化，提倡新文化，容不得任何折中和妥协。鲁迅对沈泊尘和陈抱一的批评也是针对具体问题有感而发，并不是对两人的全面评价，我们也不应据此而完全否定这两位画家。实际上，沈泊尘和陈抱一都是在我国现代美术史上做出重要贡献的画家。

沈泊尘（1889—1920）是我国现代著名漫画家。原名学明，浙江桐乡人。自幼爱好绘画，靠艰苦自学，掌握了一定的文化知识和绘画技能。学习过中国画、油画和水彩画，尤以漫画创作成就最高。五四时期，创作了一批反帝反封建的漫画如《工学商打倒曹、陆、章》，轰动一时。1918年9月创办了我国早期的专门漫画刊物《上海泼克》（又名《泊尘滑稽画报》），作品大都出自沈泊尘之手，具有鲜明的政治性、讽刺性和战斗性，创作技法方面既能发挥中国传统线描的长处，又善于运用西洋钢笔黑白画法，在继承创新方面取得一定的成就，在当时也产生了较大的影响。

陈抱一（1893—1945），现代油画家。原籍广东，1893年生于上海，1911年夏入一布景画传习所习画，1913年留学日本，专攻西画，1914年回国，被聘为上海图画美术院教员，加入西洋画团体东方画会。1916年，又去日本学习西画。在日本东京与研究西画的中国留学生组织中华美术协会。1921年夏回上海，在江湾建立画室。后一直从事油画的创作、研究、教育和组织工作，对中国现代油画的发展做出了重要贡献。

另外，在这一时期的回忆散文《朝花夕拾》中，鲁迅饱含深情地回忆了自己的童年生活，其中《阿长与〈山海经〉》《二十四孝图》《无常》《从百草园到三味书屋》和《后记》不仅为我们勾勒了鲁迅童年与美术关系的生动画面，而且表现了鲁迅对美术的深刻见解。

《二十四孝图》是我国古代孝道教育的经典，图文结合，流传甚广，虽说许多篇章不无教益，但总体上是宣扬"愚孝"思想，已不适应现代要求。特别是有的篇章不仅有悖人情，而且十分残忍荒谬，鲁迅对此进行了深入剖析和猛烈抨击。他说："其中最使我不解，甚至于发生反感的是'老莱娱亲'和'郭巨埋儿'两件事。""老莱娱亲"描写一个老头儿老莱子为取悦自己年老的父母，拿了摇咕咚，诈跌作婴儿啼，过于矫情。"郭巨埋儿"则言："汉郭巨家贫，有子三岁，母尝减食与之。巨谓妻曰，贫乏不能供母，子又分母之食。盍埋此子？……及掘坑二尺，得黄金一釜，上云：天赐郭巨，官不得取，民不得夺！"以残酷的"埋儿"宣传养母之孝道，又以因果报应解决两者的矛盾，掩盖其中的残忍，实在是荒唐之极。

1924 年，鲁迅翻译了日本著名文艺理论家厨川白村的文艺理论著作《苦闷的象征》并作《引言》。鲁迅说，该书的主旨是："生命力受了压抑而生的苦闷懊恼乃是文艺的根柢，而其表现法乃是广义的象征主义。""所谓象征主义者，决非单是前世纪末法兰西诗坛的一派所曾经标榜的主义，凡有一切文艺，古往今来，是无不在这样的意义上，用着象征主义的表现法的。"鲁迅对此深表认同，称作者"对于文艺，即多有独到的见解和深切的会心"。鲁迅由此受到启发，阐发了他关于文艺的一句名言："非有天马行空似的大精神即无大艺术产生。"[1]该书在当时的文学艺术界曾产生过很大的影响。

---

[1] 鲁迅全集 10 [M].257.

四、翻译《近代美术史潮论》

板垣鹰穗（1894—1966），日本艺术批评家。生于东京，曾到法国研究美术，先后任明治大学、早稻田大学和东京工艺美术大学教授，主要从事欧洲美术史论研究，著述丰富，达30余种。1927年出版《近代美术史潮论》，1928年鲁迅将其译为中文。1931年，他的另两部著作也被译为中文，分别是：《法兰西近代画史》，许达（即许幸之）译，文华美术图书印刷公司出版；《美术的表现与背景》，萧石君译，开明书店出版。其著述很受当时中国美术界的重视。

《近代美术史潮论》是鲁迅翻译的唯一一部美术著作。该书介绍了欧洲近代美术发展的历史，从法国大革命讲起，直到欧洲近世（即1920年代）的美术思潮，以南方系统（以法国为代表）和北方系统（以德国为代表）对比的方式叙述欧洲近代美术史，几乎涉及全欧洲，而重点突出，分析简明扼要。内有插图一百四十幅，多为近代美术名作。鲁迅于1928年陆续译出。《北新》半月刊第二卷第五号（1928年1月）开始连载，译文于第二卷第二十二号（1928年10月）载完，插图于第三卷第六号（1929年3月）连载完毕。1929年5月由北新书局出版单行本。鲁迅以凡·高的名画《播种》作为封面画：金色的阳光普照大地，一位播种者

以民族色彩为主

的

近代美術史潮論

魯迅 譯

日本坂垣鷹穗著

一九二八年・上海北新書局重校印行

《近代美术史潮论》

鲁迅在书房　1928年摄

迈着矫健的步伐，在大地上播撒生命的种子。鲁迅不正是以自己的翻译和辛勤工作来播撒新美术的种子吗？

为提高我国现代插图艺术水平和国人的美术欣赏水平，鲁迅曾设想了各种方法。二十世纪二三十年代，许多书刊插图非常凌乱，没什么意义，与鲁迅有密切联系的刊物《北新》半月刊也未能免俗。1927年底，《北新》编者正在搜集刊物插图时，鲁迅买到了《近代美术史潮论》。他认为该书立论公允，简单明了。他特别欣赏其中的大量的插画。于是，鲁迅向《北新》主编提出建议："如果每期全用这书中所选的图画两三张，再附译文十叶上下，则不到两年，可以全部完结。论文和插画相联络，没有一点白费的东西。读者也因此得到有统系的知识，不是比随便的装饰和赏玩好得多么？"[1]

译载完毕后，鲁迅又撰文《致〈近代美术史潮论〉的读者诸君》说："在新艺术毫无根柢的国度里，零星的介绍，是毫无益处的，最好是有一些统系。其时适值这《近代美术史潮论》出版了，插画很多，又大抵是选出的代表之作。我便主张用这做插画，自译史论，算作图画的说明，使读者可以得一点头绪。……这一本书，自然决非不朽之作，但也自立统系，言之成理的，现在还不能抹杀他的存在。"

由此可见，鲁迅翻译此书，直接原因是为《北新》半月刊解决插图问题，深层原因是鲁迅借此系统介绍和提倡新艺术。同时，此书作者所秉持的艺术观念，鲁迅也比较认同，且对他以后的美

---

[1]　鲁迅全集12[M].93.

术思想产生了较大的影响。

第一，提倡艺术批评的"相对底尺度"，反对"绝对底尺度"。

法国大革命以来的欧洲美术史，时间只有一百余年，但范围广大，几乎涉及欧洲所有国家，且思潮迭起，演变迅速。该书以当时兴起于欧洲美术史论界的新观念"艺术意欲"（现一般译为"艺术意志"）为统领，以南方系统和北方系统（分别以法国、德国为代表）的对比为主线，简明扼要地叙述了法国大革命以来欧洲美术的历史。

"艺术意欲"这一概念由奥地利艺术史学家于十九世纪末开始使用，二十世纪初对东西方艺术研究产生过广泛的影响。此概念内涵复杂，言人人殊。总的来说，它强调时代思潮和民族特色对一个时代艺术创造的作用。板垣鹰穗认为，以"艺术意欲"作为考察美术史的主要标准的学者，有着共通的信念，即要站在公平的立场上，以"相对底尺度"评价历史上的艺术作品，反对独断式的所谓"绝对底尺度"。在美术发展的历史长河中，每一时代、每一民族的美术，都自有其价值，自有其创造，自有其地位。"要将各时代各民族的艺术，就各各用了那时代，那民族的尺度来测定它。""要知道现所试行考察的美术，在那创造之际的时代和民族艺术底要求。要懂得那时代，那民族所固有的艺术意欲。"

板垣鹰穗认为，自从"艺术意欲"的学说引起学术界的注意后，美术史家的眼界更广大，理解力也更进步了。他们不再以希腊美术的尺度来衡量埃及美术，或以文艺复兴美术的尺度来衡量中世纪美术，他们对古罗马后期美术、北欧民族美术、哥特美术、巴洛克美术等进行新的研究与评价，对黑人雕刻、东洋美术也充满兴趣，多有赞赏。作者进一步阐发道："历史家应该竭力是公平的观察者，同时也应该是温暖的同情者，而且更应该是锐利的洞察者。"在《美术的表现与背景》中，板垣鹰穗认为，美术史的最终目的，是在考察作品的表现与产生这种表现的背景的关系。第一是考察时代与作品的关系，第二是考察作者与作品的关系，第三是考察作品与其前后代作品形式的关系。

同时，板垣鹰穗也避免走向极端的相对主义。他在随后撰写的《法兰西近代画史》中提出："近代德奥学界最流行的所谓'艺术意欲'这句话，果能到处为具体的历史学上的根本概念吗？实在是个疑问。"他认为，如果把各时代、种族、地方的评价标准推向极端，就可能导致以无意义为有意义，把民族的缺陷当作个性的特质等等，这是应该避免的。实际上，板垣鹰穗在具体评价作品时也是既尊重各时代、民族的标准，也不盲从他们的标准。

第二，强调作品的时代特色和民族特色。

法国大革命之后，美术家摆脱了对宫廷、贵族和商人的依赖，开始了自由创造，时代思想成为美术家的艺术信念。同时，美术创造的民族色彩也空前浓厚，《近代美术史潮论》的全称就是《以民族底色彩为主的近代美术史潮论》。他说："领导全欧文化的时代思想，虽然只有一个，但因了各个国度，而产物的彩色，即有不同。美术底创造的川流，都被种种的地方色，鲜明地染着色彩。时代思想的纬，和民族性的经，织出了美术史潮的华丽的文锦来。他认为："时代文化的特性和民族底的色彩，无论在哪一个时期，在哪里的美术，无不显现，自不待言，但在近代欧洲的美术史潮间，则尤其显现于浓厚而鲜明，而又深醇、复杂的姿态上。"这对于正在创造新美术的年轻的中国美术界，无疑具有巨大的启发。

鲁迅在看到这部著作几天后写的《当陶元庆君的绘画展览时》就明确提出了绘画的"民族性"和时代性问题，明显受到《近代美术史潮论》的启发。尽管这样的意思鲁迅在陶元庆上一次绘画展（1925年3月）时说过，但那时鲁迅指出的是"固有的东方情调"，远不如这一次明确。

第三，重视造型艺术自身的艺术特征。

板垣鹰穗虽然强调说，法、德文化各有特色，但具体到美术创作，他明确指出，十八世纪以来，支配欧洲美术界大势的是法国。他赞扬法兰西民族的"纯造型底来看事物的坚强的力"，而认为德意志民族"作为美术家，似乎太是'思想家'了"。在《法兰西近代画史》中，他进一步阐明道："法国、德国国民性本质上的不相容，其哲学、文学、音乐及其表现形式都大不相同。以美术而论，法兰西的古典主义而具有坚实的写实性，始终以造型为本位。反之，德意志的作家则太过理想了。法兰西的作家们虽怎样以理想标榜，毕竟是画家而决不是哲学者。他们所完成的一张画，就在这张画上已经持着自足和完成的目的，彻头彻尾是'造型美术'的表现。"德意志画家"不是从纯粹的造型的欲求作画，而是以作画为手段的古典文化世界的追想。因此，所谓造型艺术的真正的本质问题，往往被闲却了。"

当然，如果把这一观点推向极端，也会走向歧途。如他认为，印象主义绘画已经脱离其他文化的羁绊，走向独立的道路，它所描写的是自然本身，一个花瓶，一个人体，其本身并无意义，画家不过借此以创造他纯艺术的表现，他的目的但在表现，其代表是莫奈的连作。鲁迅对此就不以为然。他曾对美术青年们说："工人农民看画是要问意义的，文人却不然，因此每况愈下，形成今天的颓唐现象。十九世纪法国很多画家只在色彩上花功夫，这和中国画家只在山林泉石上花功夫同样错误。"[1]这所谓"十九世纪法国很多画家"就是指印象派画家。

第四，重视美术家的个性创造。

板垣鹰穗认为，一般"艺术意欲"论者的通弊，是只尊重那伏流于美术思潮下面的意欲，而忽视美术家个人创造的伟大意义。他从一开始就注意防范这一问题，对那些具有里程碑意义的美术家如雅克·路易·大卫、德拉克洛瓦、莫奈、塞尚、凡·高、蒙克等大师的艺术独创性予以高度重视和精辟的阐发。

第五，具有平民思想。

《近代美术史潮论》的第七部分为"写实主义与平民趣味"，其中对库尔贝、杜米埃、卡尔波、麦尼埃等描绘平民生活、具有平民风格的作品给予高度评价。他的《法兰西近世画史》共九部分，第七部分是"写实主义和平民主义"，表现了板垣鹰穗对平民美术的高度重视。

《近代美术史潮论》对我国二十世纪二三十年代美术的发展具有重要的启发意义，有的在鲁迅的美术理论和美术活动中留下了鲜明的印记。如鲁迅评价陶元庆绘画时提到的"另以各时代各民族的固有的尺，来量各时代各民族的艺术"，[2]他提到的民族性、

---

[1] 刘汝醴.鲁迅在上海中华艺术大学的讲演记录[M]//马蹄疾.鲁迅讲演考.哈尔滨：黑龙江人民出版社，1981：355.

[2] 鲁迅全集3[M].573.

时代性与世界性问题，鲁迅反复向美术青年提出的重视造型基本功问题，提倡大众文艺问题，都可以在此书中找到相应的资源。

这部著作对中国现代美术史学研究也有重要的启发作用。如书中提到了在西方美术史学历史上具有里程碑意义的重要学者李格尔、沃尔夫林、沃林格尔和潘诺夫斯基等，虽然只简单提到他们的名字、基本观点和主要著作，却为当时中国的美术史学者打开了一扇窗户，其开创性和启发性是毋庸置疑的。如中国现代美术史家滕固就深受沃尔夫林的影响，他在德国留学时曾深入研究其理论。

这部著作中文约8万字，插图140幅，在今天不能说是大著作，但在当时，已经是一部分量较重的译作，加之鲁迅作为一代文豪和后期提倡新美术和新兴木刻的影响力，本书在我国现代美术史上的影响也就非同一般了。

但译完以后，鲁迅又感到有诸多遗憾。他认为中国的校对、制图都不能令人满意："例如图画罢，将中国版和日本版，日本版和英德诸国版一比较，便立刻知道一国不如一国。三色版，中国总算能做了，也只两三家。这些独步的印刷局所制的色彩图，只看一张，是的确好看的，但倘将同一的图画看过几十张，便可以发见同一的色彩，浓淡却每张有些不同。从印画上，本来已经难于知道原画，只能仿佛的了，但在这样的印画上，又岂能得到'仿佛'。书籍既少，印刷又拙，在这样的环境里，要领略艺术的美妙，我觉得是万难做到的。力能历览欧陆画廊的幸福者，不必说了，倘只能在中国而偏要留心国外艺术的人，我以为必须看看外国印刷的图画，那么，所领会者，必较拘泥于'国货'的时候为更多。……这些话，虽然还是我被人骂了几年的'少看中国书'的老调，但我敢说，自己对于这主张，是有十分确信的。"[1]

正如鲁迅所说，北新书局出版的中译本，插图比较模糊，无法再翻印。1938 年编辑《鲁迅全集》时，编者想方设法借得原书将插图制版，印入《全集》。无独有偶，鲁迅从日文翻译的《药用植物》一书在编入 1938 版《鲁迅全集》时，也是用日文原版重新制图的。

[1] 鲁迅全集 8 [M]. 310.

五、"从别国窃得火来"

　　人往往以神话中的 Prometheus 比革命者，以为窃火给人，虽遭天帝之虐待不悔，其博大坚忍正相同。但我从别国里窃得火来，本意却在煮自己的肉的……首先开手的就是《文艺政策》，因为其中含有各派的议论。

　　这是鲁迅 1930 年在《"硬译"与"文学的阶级性"》中所写的一段话。

　　1927 年 10 月，鲁迅与许广平离开广州，到达上海，开始了最后九年的奋斗历程。鲁迅觉得教书和著述难以兼顾，权衡再三，他决定放弃教书，以著述为生。但他刚一落脚，一场突如其来的笔战迎面而来，他不得不起而应战。

　　1926 年夏，以国共合作为基础的北伐战争正式开始，进展顺利。1927 年 4 月，北伐战争尚未结束，国民党便发动了反革命政变，大肆清除、捕杀共产党人，一批共产党人和激进的革命青年从各地集聚上海，举起了无产阶级革命文学的旗帜。郭沫若、成仿吾、冯乃超、李初梨等重组创造社，蒋光慈、钱杏邨等成立太阳社，他们于 1928 年初创办了《文化批判》《创造月刊》《太阳月刊》等刊物，发表了《艺术与社会生活》《从文学革命到革命文学》

《怎样地建设革命文学》等一系列文章。他们认为，要创建无产阶级革命文学，就是要清除非无产阶级文学的影响，而非无产阶级文学的代表就是鲁迅。他们连续发表文章，矛头直指鲁迅，由此开始了革命文学论战，形成了鲁迅所谓"笔尖的围剿"。

其实，早在1926年底，鲁迅就对自己的思想产生了深刻的怀疑，他说："然而我至今不明白我一向是在做什么。比方做土工罢，做着做着，而不明白是在筑台呢还是在掘坑。""我的确时时解剖别人，然而更多的是更无情面地解剖我自己。"[1]

可以预料，即使没有革命文学论战，鲁迅的思想也必然会发生变化。但革命文学论战使问题变得更为紧迫。面对革命文学家对自己的全盘否定，鲁迅不得不起而抗争；面对自己的思想矛盾，鲁迅又不得不进行痛苦的自我解剖。正是基于现实的迫切需要，鲁迅开始翻译介绍马克思主义文艺理论及苏联、日本的相关著作，如包含苏联各派文学观点的《文艺政策》、卢那察尔斯基的《艺术论》《文艺与批评》、普列汉诺夫的《艺术论》、片上伸的《现代新兴文学诸问题》等，不仅为建设革命文学和无产阶级文学提供了借鉴，而且解决了自己多年来纠缠不清的许多问题。这些问题的解决，不但决定了他此后的文学观，也为他从事革命美术活动奠定了思想基础。

第一，肯定革命文艺和无产阶级文艺的必然性、先进性，同时也肯定小资产阶级文艺存在的合理性。

鲁迅认为无产阶级文学的兴起是势所必至。他说："世界上时

---

[1] 鲁迅全集1[M].299,300.

1927 年 11 月，鲁迅前往光华大学讲演会场

时有革命，自然会有革命文学。世界上的民众很有些觉醒了，虽然有许多在受难，但也有多少占权，那自然也会有民众文学——说得彻底一点，则第四阶级文学。"[1] 他大力支持和弘扬无产阶级文学，翻译出版了苏联早期无产阶级文学的代表作《毁灭》，编辑出版苏联另一部无产阶级文学的代表作《铁流》。但他同时也翻译了苏联"同路人"作家的许多作品，他认为这些作品虽然不是无产阶级文学，但反映了时代的某种真实，自有其独特的价值。如同路人作家雅各武莱夫的《农民》写一个旧式俄罗斯农民毕理契珂夫，他"善良，简单，坚执，厚重，蠢笨，然而诚实，像一匹象，或一个熊，令人生气，而无可奈何"。[2] 他的《十月》虽然表示了较进步的思想观念，但也并非无产阶级文学，还是"非革命"的，其中的人物，也没有一个是铁的意志的革命家，而且通篇有阴郁绝望的氛围。但鲁迅充分肯定其价值，认为"它的生命，是在照着所能写的写：真实。"[3] 作为作家，鲁迅特别注重执着于现实、脚踏实地的真体验，而反对没有感受、言不由衷的空口号。

鲁迅认为，"写什么"与个人经历相关，不能勉强。他主张写自己熟悉的生活。他高度评价叶紫描写农民革命的短篇小说集《丰收》，亲自为之作序，并鲜明提出："文学是战斗的！"因为叶紫出身革命家庭，对革命有深切的体验。他同时也告诫另两位知识分子青年作家："现在能写什么，就写什么，不必趋时，自然更不必硬造一个突变式的革命英雄，自称'革命文学'；但也不可苟安

[1] 鲁迅全集4 [M].83.

[2] 鲁迅全集10 [M].509.

[3] 鲁迅全集10 [M].360.

于这一点，没有改革，以致沉没了自己——也就是消灭了对于时代的助力和贡献。"[1]谈到自己的创作，鲁迅说："但在创作上，则因为我不在革命的旋涡，而且久不能到各处去考察，所以我大约仍然只能暴露旧社会的坏处。"[2]

直到1935年，他在致青年木刻家李桦的信中仍然说："所以我的意见，以为一个艺术家，只要表现他所经验的就好了，当然，书斋外面是应该走出去的，倘不在什么旋涡中，那么，只表现些所见的平常的社会状态也好。"[3]

第二，从理论上肯定了文艺的功利性和阶级性。

鲁迅从不否定文艺的功利性，但他之前更强调文艺自身的特点。通过翻译马克思主义文艺理论，他对此有了新的认识。他在译普列汉诺夫《艺术论》序言中明确指出："蒲力汗诺夫之所究明，是社会人之看事物和现象，最初是从功利底观点的，到后来才移到审美底观点去。在一切人类所以为美的东西，就是于他有用——于为了生存而和自然以及别的社会人生的斗争上有着意义的东西。功用由理性而被认识，但美则凭直感底能力而被认识。享乐着美的时候，虽然几乎并不想到功用，但可由科学底分析而被发见。所以美底享乐的特殊性，即在那直接性，然而美底愉乐的根柢里，倘不伏着功用，那事物也就不见得美了。并非人为美而存在，乃是美为人而存在的。——这结论，便是蒲力汗诺夫将唯心史观者所深恶痛绝的社会，种族，阶级的功利主义底见解，引入艺术里

[1] 鲁迅全集4[M].378.
[2] 鲁迅全集6[M].19.
[3] 鲁迅全集13[M].372.

去了。"

苏联另一位马克思主义文艺理论家卢那察尔斯基在《艺术与阶级》中主张："可以有一种称为阶级底美学。"他说，关于女性美的观点，农民和知识分子就不同，居于上流的知识分子非常喜欢纤手和纤足，这是退化、萎缩，是寄生生活的表现。与此相反，农民则喜欢健康女性。鲁迅借鉴此观点，并做了进一步的阐发。他要求青年画家要画健康的女性，而不要总是画弱不禁风的病态女性。

第三，肯定文艺的宣传作用，但坚决反对标语口号式的作品。

鲁迅虽然一直强调文艺改变人的精神，但谈到文艺的作用，鲁迅更多地强调"不用之用"，几乎不涉及宣传。直到1927年4月，鲁迅在黄埔军官学校讲演《革命时代的文学》时还说："在这革命地方的文学家，恐怕总喜欢说文学和革命是大有关系的，例如可以用这来宣传，鼓吹，煽动，促进革命和完成革命。不过我想，这样的文章是无力的，因为好的文艺作品，向来多是不受别人命令，不顾利害，自然而然地从心中流露的东西；如果先挂起一个题目，做起文章来，那又何异于八股，在文学中并无价值，更说不到能否感动人了。"1927年10月，他在《怎么写》一文中说："对于先有了'宣传'两个大字的题目，然后发出议论来的文艺作品，却总有些格格不入，那不能直吞下去的模样，就和雠诵教训文学的时候相同。"他在同一月发表的《革命文学》中说："我以为根本问题是在作者可是一个'革命人'，倘是的，则无论写的是什么事件，用的是什么材料，即都是'革命文学'。从喷泉里出来的都是水，从血管里出来的都是血。'赋得革命，五言八韵'，是只能骗骗盲试官的。"

革命文学论争后，鲁迅的看法有所转变。1928年4月，他发表《文艺与革命》，其中说："我是不相信文艺的旋乾转坤的力量的，但倘有人要在别方面应用他，我以为也可以。譬如'宣传'就是。一切文艺，是宣传，只要你一给人看。即使个人主义的作品，一写出，就有宣传的可能，除非你不作文，不开口。那么，用于革命，作为工具的一种，自然也可以的。但我以为当先求内容的充实和技巧的上达，不必忙于挂招牌。一说'技巧'，革命文学家是又要讨厌的。但我以为一切文艺固是宣传，而一切宣传却并非全是文艺，这正如一切花皆有色（我将白也算作色），而凡颜色未必都是花一样。革命之所以于口号，标语，布告，电报，教科书……之外，要用文艺者，就因为它是文艺。"

这段论述有两层意思：一是文艺家主观上并无宣传的目的，但客观上有宣传作用，这实际上还是"不用之用"，与此前的看法一脉相承。第二层意思是文艺家有以作品进行宣传的主观目的，对此，鲁迅过去一直是否定的，现在他认为，这也是可以的，但"当先求内容的充实和技巧的上达"。这是鲁迅对文艺作用认识的重大调整。

但鲁迅对将文艺用于宣传一直持十分谨慎的态度，他反复强调，文艺必须基于真实，基于艺术家深切的感受。他反对只在字面上写些"打，打""杀，杀"的口号式的革命文学，也反对口号式的革命美术，如在刊物的封面上画一个工人，手捏铁铲或鹤嘴锹，文中有"革命！革命！""打倒！打倒！"，或画一个劳动者，拳头比脑袋还要大。他特别强调技巧的重要性："木刻是一种作某用的工具，是不错的，但万不要忘记它是艺术。它之所以为工具，就因为它是艺术的缘故。"他在临终前还告诫革命文学家："我们需要的，不是作品后面添上去的口号和矫作的尾巴，而是那全部作品中的真实的生活，生龙活虎的战斗，跳动着的脉搏、思想和热情，等等。"[1]

第四，提倡战斗的无产阶级艺术，并翻译其代表作作为示范。

鲁迅在二十世纪三十年代一贯提倡战斗的文艺。在谈到杂文时，他说："况且现在是多么切迫的时候，作者的任务，是在对于有害的事物，立即给以反响和抗争，是感应的神经，是攻守的手足。"[2]他认为新小说的生存，总是在不断的战斗中。对翻译外国作品，鲁迅也认为，对于中国，也还是战斗的作品更为紧要。他从田园诗人陶渊明身上，也看到"刑天舞干戚，猛志固常在"的一面。

鲁迅翻译出版了苏联早期无产阶级文学的代表作《毁灭》和《铁流》，他称赞道："这两部小说，虽然粗制，却非滥造，铁的人物和血的战斗，实在能够使描写多愁善病的才子和千娇百媚的佳人的所谓'美文'，在这面前淡到毫无踪影。"[3]他盛赞《毁灭》"是用生命的一部分，或全部换来的东西，非身经战斗的战士，不能写出"。[4]鲁迅为青年作家殷夫、叶紫、萧军、萧红和青年木刻家的作品所写的序言都体现了这一思想。

[1] 鲁迅全集6[M].613—614.

[2] 鲁迅全集6[M].3.

[3] 鲁迅全集4[M].394.

[4] 鲁迅全集10[M].371.

第五，宏大包容的艺术眼光。

鲁迅之所以对苏联文艺理论家卢那察尔斯基情有独钟，是因为他既提倡无产阶级文艺，又眼界开阔，思想包容，充分肯定文艺的独特性和多样性，无唯我独尊、排斥异己的狭隘。鲁迅在翻译卢那察尔斯基的《艺术论》时表示，很赞成其中的若干观点："如所论艺术与产业之合一，理性与感情之合一，真善美之合一，战斗之必要，现实底理想之必要，执着现实之必要，甚至于以君主为贤于高蹈者，都是极为警辟的。"[1] 鲁迅反对独断，愿意将不同意见示人，激发人独立思考。如他为任国桢翻译的《苏俄文艺论战》作序，亲自翻译《文艺政策》等，就是因为其中包含着各家的议论。

经过论争，革命文学界取得了认识的统一，1930年3月，成立了中国左翼作家联盟，7月成立了中国左翼美术家联盟。鲁迅参加了左联，并发表重要讲话《对于左翼作家联盟的意见》，提出以下要求：

第一，对于旧社会和旧势力的斗争，必须坚决，持久不断，而且注重实力。

第二，我以为战线应该扩大。

第三，我们应当造出大群的新的战士。

最后，我以为联合战线是以有共同目的为必要条件的。……如果目的都在工农大众，那当然战线也就统一了。

[1] 鲁迅全集10[M].326.

左联是当时影响最大的左翼文化组织，对其他左翼文化组织如左翼美术家联盟等有重要影响。鲁迅虽未参加左翼美术家联盟，但与美联及其成员保持着密切的联系，他在左联的讲话实际上也是他指导美联及左翼美术家的工作方针。

六、提倡战斗的力之美

　　中国现代备受列强的压迫、欺凌，苦难的现实呼唤战斗的力的艺术。鲁迅说："我们应该看现代的兴国史，现代的新国的历史，这里面所指示的是战叫，是活路，不是亡国奴的悲叹和号咷！"[1]

　　中国现代的许多文艺家都在呼唤"力之美"，他们试图以"力的艺术"唤醒民众的觉悟，激发民众的力量，奋起抗争，以挽救危难的祖国。维新派领袖康有为在艺术上特别推崇魏碑、南碑，其主要原因就是其力之美。他称赞魏碑、南碑有"十美"："一曰魄力、雄强，二曰气象浑穆，三曰笔法跳越，四曰点画峻厚，五曰意态奇逸，六曰精神飞动，七曰兴趣酣足，八曰骨法洞达，九曰结构天成，十曰血肉丰美。"[2] 他自己也擅长书法，书写之时，肆意挥洒，不避粗率，雄强浑厚，尤善作擘窠大字。

　　鲁迅是力之美的持续实践者、呐喊者和呼唤者。早在留学日本时期，鲁迅就呼唤"善美刚健"的艺术；五四时期，鲁迅又呼唤文艺界的"凶猛的闯将"，希望他们开出一片"崭新的文场"；1927 年到上海以后，"力之美"更成为鲁迅竭力呼唤追求的美学

----

[1] 鲁迅全集 8 [M].359.

[2] 康有为.广艺舟双楫注 [M].崔尔平注.上海：上海书画出版社，1981：172.

理想。

二十世纪三十年代，中国内忧外患，风雨飘摇，救亡图存迫在眉睫。当时，部分文人大捧袁中郎，提倡小品文，提倡"幽默""闲适""性灵"，表面上是追求精神自由，实际上却在逃避现实，麻痹读者。鲁迅写了著名的《小品文的危机》，针锋相对地指出：

> 就是在所谓"太平盛世"罢，这"小摆设"原也不是什么重要的物品。……何况在风沙扑面，狼虎成群的时候，谁还有这许多闲工夫，来赏玩琥珀扇坠，翡翠戒指呢。他们即使要悦目，所要的也是耸立于风沙中的大建筑，要坚固而伟大，不必怎样精；即使要满意，所要的也是匕首和投枪，要锋利而切实，用不着什么雅。

当时，还有人以"静穆"为文学的最高境界，并以陶渊明为典范，鲁迅表示坚决反对。他在全面分析了陶渊明作品后指出，陶渊明并非一味飘逸，他除了一般人所佩服的"采菊东篱下，悠然见南山"之外，也还有"刑天舞干戚，猛志固常在"的"金刚怒目"式的一面。鲁迅同样针锋相对地指出，陶渊明"并非浑身是'静穆'，所以他伟大"。[1]

鲁迅对我国传统文化的激烈否定是尽人皆知的。但鲁迅并非盲目否定一切，对我国古代那些气魄宏大的作品，鲁迅还是极力

---

[1] 鲁迅全集6[M].439—444.

称赞的。他惊异于汉代石刻气魄深沉雄大，神往于唐代昭陵上带箭的骏马，他把"汉唐气魄"作为"拿来主义"的典范加以提倡。

鲁迅为青年作家的作品所写的序言集中表达了这一思想。鲁迅赞扬青年作家萧军的《八月的乡村》"严肃、紧张……显示着中国的一份和全部，现在和未来，死路与活路"；他赞扬萧红的《生死场》表现了"北方人民对于生的坚强，对于死的挣扎"；在为叶紫的短篇小说集《丰收》所写的序言中，鲁迅更直截了当地宣称："文学是战斗的！"

鲁迅对司徒乔绘画的评价，有力说明了鲁迅的审美理想之所在。青年画家司徒乔是广东人，擅长画南方风景。后来到北京，画了许多表现北方人民与自然争斗的作品。鲁迅认为作者所画的"爽朗的江浙风景，热烈的广东风景倒是作者的本色"。鲁迅却说："但我却爱看黄埃，因为由此可见这抱着明丽之心的作者，怎样为人和天然的苦斗的古战场所惊，而自己也参加了战斗。"[1]

鲁迅晚年之所以花费巨大的精力和财力提倡新兴木刻，除了鲁迅所谓"好玩""简便""有力""容易逼真"外，更深层的原因是新兴木刻那特有的创作方式和审美特征。鲁迅说："所谓创作的木刻者，不模仿，不复刻，作者捏刀向木，直刻下去……这放刀直干，便是创作底版画所必须……那精神，惟以铁笔刻石章者，仿佛近之。"[2]可以说，新兴木刻是更适宜表现"力之美"的艺术。

在世界各国版画中，鲁迅特别推崇德国和苏联的版画，其根本原因也是它们那特有的"力之美"的美学风格，厚重有力，催人

_____

[1] 鲁迅全集4[M].74.
[2] 鲁迅全集7[M].336.

奋进。他称赞德国梅斐尔德的《士敏土之图》"气象雄伟","很示人以粗豪和组织的力量";[1]称赞珂勒惠支"以深广的慈母之爱,为一切被侮辱和损害者悲哀,抗议,愤怒,斗争";[2]他称赞苏联版画家"没有一个是潇洒,飘逸,伶俐,玲珑的。他们个个如广大黑土的化身,有时简直显得笨重"。[3]"它真挚,却非固执;美丽,却非淫艳;有力,却非粗暴;但又不是静止的,它令人觉得一种震动——这震动,恰如用坚实的步法一步一步,踏着坚实的广大的黑土进向建设的路的大队友军的足音。"[4]

鲁迅就是这样坚持不懈地追求"力之美",弘扬"力之美",以对抗当时流行的形形色色的病态艺术:什么"琥珀扇坠""翡翠戒指",什么"枯瘦佛子""削肩美人"……鲁迅都给以激烈的抨击和辛辣的讽刺。鲁迅深知,文艺虽无扭转乾坤的力量,却能潜移默化地影响世态人心。当民族生存危在旦夕的时候,这些病态艺术会像蛀虫一样蚕食民族的意志。鲁迅高举"力之美"的大旗,向这些形形色色的病态艺术宣战。

怎样才能获得深沉有力的"力之美"呢?鲁迅认为最重要的是作者本身是战斗者,并投入战斗生活的漩涡。鲁迅说:"有精力弥满的作家和观者,才会生出'力'的艺术来。'放笔直干'的图画,恐怕难以生存于颓唐,小巧的社会里。"[5]针对当时不少革命作家对生活没有深刻理解,却总是概念化地加上一条光明的尾巴,

[1]　鲁迅全集 7 [M].382.
[2]　鲁迅全集 6 [M].487—488.
[3]　鲁迅全集 6 [M].615.
[4]　鲁迅全集 6 [M].500.
[5]　鲁迅全集 7 [M].351.

鲁迅进一步指出，我们所需要的，不是一条光明的"矫作的尾巴"，而是"那全部作品中的真实的生活，生龙活虎的战斗，跳动着的脉搏、思想和热情等等"。[1] 在鲁迅看来，"力之美"决不是对社会矛盾、人生痛苦的回避；恰恰相反，正是在与矛盾、痛苦的搏斗中，才能产生真正的"力之美"。因为只有这样的生活，才能激发人的顽强斗志并与之抗争。

鲁迅自己就是创造"力之美"的典范。鲁迅的一生，都在与形形色色的恶势力进行艰苦卓绝的斗争，他那坚定的、不妥协的战斗精神贯穿他的一生。即使在最矛盾、最痛苦的时候，他仍然进行悲壮的抗争，决不屈服。鲁迅晚年处境险恶，又病魔缠身，但他那威武不屈的战斗精神却更加高昂。正因为如此，他才写出了那么多匕首、投枪式的杂文。他在去世前不久所写的一段自白中表示："假使我的血肉该喂动物，我情愿喂狮虎鹰隼，却一点也不给癞皮狗吃。养肥了狮虎鹰隼，它们在天空，岩角，大漠，丛莽里是伟美的壮观，捕来放在动物园里，打死制成标本，也令人看了神旺，消去鄙吝的心。但养胖一群癞皮狗，只会乱钻，乱叫，可多么讨厌！"[2] 这，可以看作是鲁迅反对庸俗、势利，提倡"力之美"的最强音！

鲁迅提倡现实主义艺术，主张在题材上要描写社会人生，在风格上要刚健有力。他告诫青年画家要突破题材的限制，不要像前人那样满足于画山水、花鸟和风景、静物、肖像，而要描写社会人生，表现社会意义。

[1] 鲁迅全集 6 [M].613—614.
[2] 鲁迅全集 6 [M].619.

62
鲁迅的美术世界

在鲁迅美术思想的引领下，广大木刻青年从山水、花鸟和静物、风景、肖像中解放出来，紧跟时代发展，深入底层生活，反映人民大众的苦难和反抗。他们的作品多表现劳动者的艰辛生活、穷人的流离失所和革命者的坚贞不屈等。如胡一川的《饥民》《流离》《失业工人》《到前线去》，汪占非的《纪念五死者》，江丰的《码头工人》，张望的《负伤的头》《生路》，陈铁耕的《母与子》，郑野夫的《黎明》《搏斗》，陈普之的《黄包车夫》《船夫》，李桦的《怒吼吧，中国》等。这些作品有力地向世人表明，在鲁迅的精心指导和广大木刻青年的共同努力下，木刻已成为最能反映时代精神的艺术形式。

鲁迅的美术思想

第三章 鲁迅的美术实践

　　鲁迅是我国现代书籍装帧设计的开拓者和倡导者。他虽然不是专业的装帧设计师，却对装帧艺术有着特殊的兴趣和深刻的理解，在封面设计、插图艺术和版式设计方面都有突出的贡献。他以自己对装帧设计的创新实践和不懈倡导影响和培养了一批现代书籍设计艺术家，对我国现代书籍设计艺术产生了深远的影响。鲁迅还和同事一起设计了中华民国的第一套国徽，独立设计了著名的北京大学校徽。鲁迅的书法艺术成就也得到世人的公认。

一、封面设计

所谓书籍装帧设计，是书籍造型设计的总称，是指书籍结构、形态的设计与制作。书籍靠装帧成型，没有装帧，就不称其为书。装帧通过封面、扉页、插图、开本、版式和装订形式等一系列设计制作，给书籍以完整的形式。

书籍装帧设计是一个整体，包含艺术和工艺两个方面。封面、插图、版式（包括开本、字体、字号等）侧重于艺术，材料和装订方法侧重于工艺。二者相互联系，相辅相成，共同赋予书籍以完美的形式。

书籍的形式，从古至今发生过诸多变化。五四之前，我国书籍基本采用线装形式，文字竖向排列，自上而下，自右至左，小说、戏曲等文学作品有绣像、出相等插图形式。五四时期，受西方文化影响，书籍的形式发生了革命性变化，从古典形式进入现代形式。鲁迅正处于这一历史的转折点上，为现代书籍装帧艺术做出了开拓性贡献。

我国现代早期书籍装帧设计者由两方面人员组成，一是文学家而注重装帧设计者，如鲁迅、闻一多、叶圣陶、巴金等，二是美术家而从事装帧设计者，如陶元庆、司徒乔、钱君匋等。

鲁迅一生出版过自己撰写和翻译的各类著作近 60 种，办过若干出版社，编辑过多种丛书、选集、期刊。他不仅注意书刊内容，也注意形式的美观。他编辑的书刊，许多都有精美的封面、疏朗大方的版面和丰富的插图，图文并茂，既能帮助读者理解作品，又给读者以美的享受。许寿裳说："鲁迅对于书籍的装饰和爱护，真是无微不至。他所出的书，关于书面的图案，排字的体裁，校对的仔细认真，没有一件不是手自经营，煞费苦心。他用的图案总是优美的，书的天地头总是宽裕的。他常说：字排的密密层层，不留余地，令人接在手里有一种压迫感。"[1]

鲁迅一生主办或参与创办过七个出版社，它们是未名社、朝花社、三闲书屋、野草书屋、铁木艺术社、版画丛刊会和诸夏怀霜社。未名社成立于1924年，鲁迅主编了《未名丛刊》23种、《乌合丛书》7种、《未名新集》6种，内收鲁迅翻译的厨川白村的《苦闷的象征》《出了象牙之塔》，鲁迅创作的《呐喊》《彷徨》《野草》《朝花夕拾》以及许多青年作者和译者的作品。朝花社成立于1928年11月，侧重于介绍东欧和北欧文学，输入外国的版画，出版过《朝花周刊》《朝花旬刊》《艺苑朝华》，还出版过《近代世界短篇小说集》两种、《奇剑及其他》和《在沙漠上》。三闲书屋成立于1931年，曾出版过鲁迅翻译的法捷耶夫的长篇小说《毁灭》、曹靖华翻译的绥拉菲摩维奇的长篇小说《铁流》和凯尔·梅斐尔德的《士敏土之图》、鲁迅编选的苏联版画集《引玉集》和《凯绥·珂勒惠支版画选集》。野草书屋是鲁迅支持的出版社，出版过瞿秋白编译、鲁迅作序的《萧伯纳在上海》和曹靖华翻译的聂维洛夫的

----

[1] 许寿裳.亡友鲁迅印象记［M］.武汉：长江文艺出版社，2019：93.

小说《不走正路的安得伦》等。铁木艺术社、版画丛刊会、诸夏怀霜社都是鲁迅为特定的出书目的而设立的出版社名目，出过中国现代木刻选集《木刻纪程》、中国传统水印木刻《北平笺谱》《十竹斋笺谱》和瞿秋白的译文集《海上述林》上下卷。

鲁迅编辑或参与编辑的丛书还有：与冯雪峰合编《科学的艺术论丛书》（又名《马克思主义文艺论丛》），1929 年 6 月开始出版，原计划出版 14 种，后因国民党政府查禁，只出了 9 种，其中有鲁迅翻译的《艺术论》《文艺与批评》和《文艺政策》3 种。《现代文艺丛书》是 1930 年开始编辑的苏联文艺作品丛书，原拟出 10 种，后只出 4 种，即鲁迅译《十月》、侍桁译《铁甲列车》、柔石译《浮士德与城》和贺非译《静静的顿河》。《文艺连丛》专收翻译，已出的 3 种有鲁迅的《坏孩子和别的奇闻》。《奴隶丛书》共收 3 本小说，都已成为中国现代文学名作，它们是叶紫的短篇小说集《丰收》、萧军的长篇小说《八月的乡村》和萧红的长篇小说《生死场》。

鲁迅主编或参与编辑的报刊较多，重要的有：五四前后，参与《新青年》工作，在上面发表小说和杂感，成为新文化运动的一员猛将。1924 年 11 月，参与创办《语丝》周刊，注重社会批评和文明批评，形成"任意而谈，无所顾忌"的"语丝文体"，影响深远。1928 年后，鲁迅曾任该刊主编。1925 年 4 月，创办《莽原》周刊，希望青年"对于中国的社会，文明，都毫无忌惮地加以批评"。1928 年 6 月，与郁达夫合编文学月刊《奔流》，鲁迅对此刊倾注了大量心血，集中体现了鲁迅的编辑特点。从 1928 年 12 月起，鲁迅与柔石等陆续编辑《朝花周刊》《朝花旬刊》《艺苑朝华》，介绍东欧、北欧文学和各国版画。1930 年后，鲁迅主编或参与编辑

鲁迅设计的书籍封面

的左联刊物有《萌芽月刊》《巴尔底山》《前哨》和《十字街头》等，这些刊物或侧重文学创作，或侧重文艺政治评论，均具有强烈的现实性与战斗性，往往出版几期即被查禁。另外，鲁迅还编辑过大型季刊《文艺理论》，与茅盾等编辑专门介绍外国文学的《译文》月刊，与胡风等编辑《海燕》文艺月刊等。

鲁迅是文学家，也是编辑家，他非常重视书籍艺术设计。他把自己经手的每一部书、每一种刊物，都作为一个艺术品来经营。他编辑出版的书刊不仅内容充实，而且形式美观。他特别重视书刊的封面和插图。经他编辑出版的书大都封面精美，插图丰富，让人爱不释手。

鲁迅特别重视封面设计，常常亲自设计自己作品的封面。鲁迅设计的封面大都以文字为主，简洁、淡雅，有书卷气。其中许多封面是直接用毛笔题写书名、署名，如1925年北新书局出版的《热风》《中国小说史略》以及后来出版的杂文集《三闲集》《二心集》《南腔北调集》《伪自由书》《且介亭杂文》等。与匕首、投枪式的杂文不同，鲁迅的字体不急不躁，温文尔雅，藏头护尾，骨力内敛。但通过字体、排列、印章、颜色和底色的细微变化，使封面生动活泼。如有的用红字，表现出鲁迅激情热烈的一面，更多地用黑字，显得沉着冷静。1926年《呐喊》再版时，封面用枣红色纸，中上方嵌以横长方形黑框，黑框内再嵌以枣红色线框，内有鲁迅隶书"呐喊、鲁迅"字样，线条饱满、开张，整个封面既热烈活泼又沉稳有力，与小说的内容和主题十分契合，给人以强烈的印象。《而已集》封面为浅黄底色，只书"鲁迅而已集"几个字，介于手写体与美术字之间，既有篆味、隶味，又有设计味，从右向左排列，"鲁、集"二字笔画较多，字形较长，"而已"二字笔画较少，作上下排列，如一个字，各字的横画、点画错综处理，疏密有致，"鲁、而、集"三字分别在字的上下作简单的花纹装饰，别有趣味，与该书烈火熔岩般的时代背景和作者激烈的思想变化形成鲜明的对比。1933年出版的《鲁迅自选集》由陈之佛装帧。封面用深棕色亚麻布底色，中间偏右留一竖式空白，如纪念碑的剪影，碑下两侧有台阶，寓意创作攀登之历程，碑上有鲁迅自书"鲁迅自选集"，寓意创作之成就，耐人寻味。碑上方有白色小方块组成的三条线，类似小窗户，与下面的台阶相呼应，使画面庄重而不失灵动。苏联版画选集《引玉集》封面的文字组合又别具一格，浅黄色底面的上半部涂以醒目的红色方块，让人精神振奋，红色方块中，左上侧为竖写的书名"引玉集"，右侧和下侧为版画家的俄文姓名，中西合璧，很有创意。鲁迅手自经营的《凯绥·珂勒惠支版画选集》，其封面在暗黑、压抑而有力的底面上镂刻出明亮的白框，白框中有星火般的黄点在跳跃，如一扇窗户透进斑斑阳光，中有鲁迅手书的书名，仿佛是暗夜中的希望。杂志《前哨》由鲁迅设计封面，下面三分之二部分为本期目录，用方框标出。方框上面是刊名，由鲁迅题写"前哨"二字，站立于方框之上，字在楷隶之间，结构疏朗紧凑，笔画饱满含蓄，笔力遒劲，"哨"字脚下一撇，高高向左上挑出，精神焕发。两字均略向右倾斜，向左上扬起，如昂首并立的哨兵。

鲁迅设计的封面，有的使用印刷体或美术字，也各有千秋。《华盖集》《两地书》《鲁迅杂感选集》《故事新编》均用印刷体汉字，简单朴素；《华盖集续编》中的"续编"二字则作一图章，倾斜着钤印于"华盖集"下方，非常别致；《花边文学》则在竖写的书名四周加上花边，与书名相呼应，以符"花边文学"之意。当然，这是讽刺和蔑视之意；童话集《小彼得》的封面题字，是颇具装饰意味和儿童情趣的美术字。杂志《奔流》则用设计体美术字，笔画黑色勾边，两字扁平紧靠，突出横画，最上一笔横画连成一体，特别是"流"字的三点水，也如横画一般，笔画密集，真如奔流滚滚，很有气势；《萌芽月刊》封面上，鲁迅手写的"萌芽月刊"四个美术字，既有装饰意味，又灵活生动，体现出"萌芽"的意味。

最能体现鲁迅设计水平的还是那些图文并茂的封面设计。《桃色的云》是俄国作家爱罗先珂用日文写作的三幕童话剧，汉译单行本 1923 年 7 月北京新潮社出版，由鲁迅翻译并设计封面。封面上方有一条朱红色的云纹，人物、走兽融入其中，是鲁迅参考汉画像石设计的，既古朴典雅，又表现了童话式的幻想。《心的探险》是鲁迅为高长虹编辑的小说散文集，1926 年北新书局发行，鲁迅设计封面，书名、作者名用手写体，带隶书味，居中左；上、右、下三面由云龙、仙人、怪兽和云纹环绕，由鲁迅取自六朝墓门画像，奇幻生动，与书名极为契合。至于鲁迅翻印的画册、翻译的小说的封面，大都图文并茂。《近代木刻选集》(1、2)、《比亚兹莱画选》《蕗谷虹儿画选》《新俄画选》等，在书名下印以与画册内容相关的圆形装饰图案，类似图章，简洁明了，大方美观。

《壁下译丛》的封面图案选自日本《先驱艺术丛书》。该封面用现代派手法，变形的墙壁、窗户、桌子似乎象征着什么，书名、译者名等均由鲁迅手写，置于封面左下角，整个封面单纯、和谐，

鲁迅设计的书刊封面

很有形式感，富于现代意味。1929 年 5 月，未名社再版《小约翰》，鲁迅题写书名，并以勃伦斯的画作《爱神与鸟》为装饰，契合了作品的童话特色。鲁迅 1931 年翻译出版苏联作家法捷耶夫的《毁灭》，选苏联威绥斯拉夫的插图作为封面装饰，介绍了作品中的人物和故事。鲁迅在翻译出版契诃夫的小说集《坏孩子和别的奇闻》时，选苏联 V. 玛修丁的一幅木刻作为封面装饰。《萧伯纳在上海》由乐雯（瞿秋白）编译，1933 年 3 月野草书屋出版，辑录上海中外报纸对于萧伯纳在上海期间的新闻报道和评论，目的是把这些"当作一面镜子，在这里，可以看看真的萧伯纳和各种人物自己的原型"。[1] 鲁迅设计封面，整个封面叠满各种报纸，左上角有萧伯纳漫画像，非常符合他作为讽刺作家的身份和该书的主题。《解放了的堂·吉诃德》，十场戏剧，卢那察尔斯基作，易嘉（瞿秋白）译，1934 年上海联华书局发行。鲁迅设计封面，选苏联毕斯克列夫的一幅装饰画为封面画。鲁迅编辑的大型刊物《奔流》《译文》的封面，图文并茂，每期格式基本统一，又富于变化，如《奔流》的易卜生、托尔斯泰的诞生百年纪念增刊，均给人以深刻的印象。

据统计，鲁迅一生装帧书刊 60 余种，题写书名的书刊近 40 种。至今，还保存了一些鲁迅手绘的封面及扉页的设计草图：如《坟》扉页、《唐宋传奇集》封面、《朝花夕拾十篇》扉页、《小彼得》扉页、《毁灭》扉页、《十竹斋笺谱》扉页、《死魂灵百图》封面，显示出鲁迅在书籍装帧设计方面所投入的巨大精力和取得的非凡成就。

鲁迅不仅自己亲自设计封面，还鼓励支持美术青年参与封面

---

[1]　鲁迅全集 4 [M].515.

鲁迅设计的封面和扉页

设计。他有时不提任何要求，给设计者以充分的自由；有时也提出一些建议，供设计者参考。他请陶元庆设计的系列封面，被称为文坛和艺林佳话。

陶元庆（1893—1929），字璇卿，浙江绍兴人，美术家。从小喜欢美术，精于国画，也擅长西画，对图案设计也有广泛涉猎。1924年到北京后与鲁迅相识，结下了深厚友谊。1929年陶元庆因病去世，年仅36岁。鲁迅十分悲痛，拿出300元钱助其购买墓地。

鲁迅对陶元庆非常赏识，多次请他为自己和朋友的著作画封面。鲁迅还多次称赞陶元庆作品，对其艺术成就给予较高的评价，为他的展览写过两篇评论。陶元庆为鲁迅设计了多个封面，如《彷徨》《坟》《朝花夕拾》《苦闷的象征》《出了象牙之塔》《工人绥惠略夫》《中国小说史略》和《唐宋传奇集》等。

鲁迅请陶元庆画的第一幅封面是《苦闷的象征》，这是日本文艺理论家厨川白村的一部文艺论著，由鲁迅翻译，1925年3月出单行本。其基本观点是："生命力受了压抑而生的苦闷懊恼乃是文艺的根柢，其表现法乃是广义的象征主义。"陶元庆根据作品的内容，画了一个披着波浪似长发的裸女，用脚趾夹着一柄三头又，用舌头舔着染了血的又尖。恐怖的画面表现了生命力受到压抑之后的苦闷、挣扎与悲哀。画面夸张、变形，线条波澜起伏，简洁灵动，中间点缀了一些朱红的色块，类似花瓣，介于具象、抽象之间，极富象征意味，既有力表现了主题，又具有忧郁美艳的色调。鲁迅非常满意，在《苦闷的象征·引言》中特别致谢说："陶璇卿君又特地为作一幅图画，使这书被了凄艳的新装。"此画被认为首创了新文艺书籍的封面画。这本书初版时因经费所限，封面

陶元庆为鲁迅等设计的书籍封面

用单色印成，鲁迅觉得过意不去，待初版售完后，便以版税作为再版时的补充经费，将封面由单色还原为复色。

《彷徨》底面为橙红色，用黑色画了三个人坐在椅子上晒太阳，太阳不方不圆，颤颤巍巍，散发着无力的光，三人坐在椅子上，似在打瞌睡，有力地表现了彷徨的主题，深得鲁迅的赏识。鲁迅致信陶元庆说：《彷徨》的书面实在非常有力，看了使人感动。"[1] 又特别提到在厦门大学的德籍美学教师 Gustav Ecke 说这个封面好，"太阳画得极好"。[2]

此后，鲁迅便经常请陶元庆作封面画，有为自己的，也有为朋友的。1926 年 10 月 29 日，鲁迅致信陶元庆，一口气开列了四幅封面画，分别是淦女士的小说集《卷葹》、李霁野译安德烈夫戏剧《黑假面人》、自己的杂文集《坟》和董秋芳译俄国小说《争自由的波浪》。

《坟》的封面，鲁迅自己想不出，便写信托陶元庆设计。陶元庆非常认真，给《坟》设计了一个极有内涵的封面：土黄色的背景上，耸立着两座三角形的坟墓，一黑一灰，一大一小，坟前安放着一口棺材，周围散落着三两棵树，树上仅剩稀疏的绿叶，似败叶，又似新芽，正如鲁迅所言："在我自己，还有一点小意义，就是这总算是生活的一部分的痕迹。所以虽然明知道过去已经过去，神魂是无法追蹑的，但总不能那么决绝，还想将糟粕收敛起来，造成一座小小的新坟，一面是埋藏，一面也是留恋。至于不

---

[1] 鲁迅全集 11 [M].592.
[2] 鲁迅全集 11 [M].628.

鲁迅手绘的图案

远的踏成平地，那是不想管，也无从管了。"[1]一面是埋藏，一面是留恋，一面是死亡，一面也是新生。有意思的是，后来，鲁迅自己又设计了《坟》的扉页。扉页中间是作者名、书名，四周以装饰性正方形合围，其中有代表大自然的天、树、云、雨、月，方框右上角，站立着一只猫头鹰，睁一只眼、闭一只眼。既有极强的装饰性，又有力地表达了鲁迅的思想，令人玩味。另外，鲁迅还专门设计过一个猫头鹰的图案，笔法简练，生动形象，极有装饰性，深得人们的赞赏。猫头鹰在我国民间被视为不祥之鸟，但鲁迅曾自比猫头鹰，称自己的文章为"枭鸣"，表现了强烈的叛逆精神。鲁迅曾说："我有时决不想在言论界求得胜利，因为我的言论有时是枭鸣，报告着不大吉利事，我的言中，是大家会有不幸的。"[2]

陶元庆设计的《朝花夕拾》封面，用写意的笔法描绘一古装

[1] 鲁迅全集 1[M].4.

[2] 鲁迅全集 6[M].225.

女子在花园中漫步，沿路采花，极富浪漫情调。《唐宋传奇集》的封面则采自我国古代画像石的车马出行图又有所变化，既有写意色彩，又颇具现代感。

《出了象牙之塔》则几乎是现代派抽象绘画，橘黄色的线条在封面的右三分之一勾画出若隐若现的两个人，一男一女，身体瘦长，并肩而立，男的瞪大眼睛，女的一手遮在眼睛上方，表现"出了象牙之塔"后的惊奇与不适。

陶元庆画过一幅特色鲜明的《大红袍》，取故乡绍兴戏《女吊》的意境，画一瘦高女子立于旷野，身穿红蓝相间的长袍，昂首而立，右手持复仇之剑，高高提起，表现出悲苦、愤怒和坚毅。鲁迅评价这幅画"有力量，对照强烈，仍然调和，鲜明。握剑的姿态很醒目！"[1]认为这是一幅难得的画，应该好好地保存。他告诉许钦文："我打算把你写的小说结集起来，编成一本书，定名《故乡》，就把《大红袍》用作《故乡》的封面。这样，也就把《大红袍》做成印刷品，保存起来了。"[2]许钦文说，鲁迅的确是为了保存《大红袍》，而提前为他编印了第一本小说集《故乡》。该书1926年由鲁迅选校、资助出版。

鲁迅还请孙福熙、司徒乔、林风眠等青年美术家为他自己或他人的书籍设计过封面。如请孙福熙为散文诗集《野草》、译文《小约翰》的初版本设计封面，请司徒乔为《语丝》画多期封面画和插画，为《未名丛刊》之一、曹靖华翻译的《白茶·苏俄独幕剧集》设计封面。1927年北京未名社出版的韦丛芜的《君山》，是

---

[1] 高松年，龙渊.许钦文散文选集［M］.天津：百花文艺出版社，2009：179.
[2] 同上

《未名新集》丛书中的一部爱情长诗，鲁迅先生请林风眠为《君山》设计封面，请司徒乔画了十幅插图。封面、插图均纤细、唯美，为作品增色不少。

鲁迅还影响过另一位封面设计大家钱君匋。钱君匋是陶元庆的同学，1927年10月，与鲁迅在开明书店第一次见面，鲁迅对他设计的书籍《寂寞的国》《破垒集》等，给予热情鼓励。不久，钱君匋和陶元庆一起去拜访鲁迅，交流对封面和书籍装帧设计的看法，鲁迅拿出珍藏的许多汉画像拓片摊开在地上，请他们欣赏学习，并希望他们把其中优美的图案应用到书刊装帧设计中去，创造出具有民族特色的设计形式，钱君匋深受启发。此后，他自觉向此方向努力，佳作纷呈。他装帧设计了鲁迅的译著《艺术论》《十月》《文艺与批评》《死魂灵》和《死魂灵百图》等，大受鲁迅的赞赏，成为我国现代屈指可数的封面设计大家和书籍装帧艺术家，被称为"钱封面"。[1]

[1] 程天良.钱君匋及其师友别传[M].长沙：湖南文艺出版社，1998：63.

二、插图艺术

插图是书籍装帧设计的另一个重要内容，特别是文艺类作品的插图，能激发读者的阅读兴趣，帮助读者发挥艺术想象力，理解作品内容，获得更直接的艺术享受。

插图在我国有悠久的历史，我国的古典小说就有丰富的插图形式：有的只在卷首画出书中人物，称为"绣像"；有的每页上图下文，称"出相"；有的画每回故事，称为"全图"。因为绘画技术和出版条件的限制，这类插图一般采用线描的形式，比较简单。这种插图形式在我国绵延几百年，深受人民群众的喜爱。

新文化运动揭开了我国现代插图艺术的序幕。受西方书籍装帧设计和现代出版技术的影响，我国的插图形式发生了重要变化。现代插图更注重与文字内容密切配合，更具有艺术性和表现性，插图形式也更丰富，除了传统的线描，又增加了照片、油画、木刻和装饰画等。

鲁迅从小喜欢有插图的书。他认为，插图能增加读者的兴趣，增强作品的吸引力。他说："欢迎插图是一向如此的，记得十九世纪末，绘图的《聊斋志异》出版，许多人都买来看，非常高兴的。而且有些孩子，还因为图画，才去看文章。"[1]

---

[1] 鲁迅全集 13［M］.464.

其实，岂止是孩子，大人也是如此。鲁迅晚年曾请在苏联学习的曹靖华代买一部肖洛霍夫的长篇小说《静静的顿河》，并说，他主要不是对小说感兴趣，不过是要看看其中的插图。当捷克汉学家普实克决定翻译他的小说集《呐喊》，并问要何报酬时，鲁迅说，只希望给他一部捷克文名著作为纪念，并特别指明要插图很多的本子。

鲁迅还认为，中国文字太难，一般群众难以掌握，而插图则一目了然，比文字更形象、更直观。他说："书籍的插图，原意是在装饰书籍，增加读者的兴趣的，但那力量，能补助文字所不及，所以也是一种宣传画。"[1]他认为，好的插画，比一张油画的力量要大。他并不反对青年创作大型油画，但希望他们一样看重并努力于连环图画和书报的插图。

鲁迅经营出版的书籍，无论是他自己的译著，还是他人的译著，都很重视作品的插图。鲁迅喜欢在作品和刊物中插入作者的照片或画像。他翻译出版的文学作品《一个青年的梦》《爱罗先珂童话集》《桃色的云》《小约翰》《毁灭》《山民牧唱》《俄罗斯的童话》《死魂灵》和文艺论著《艺术论》《文艺与批评》等都插入作者的照相或画像。他所编辑的刊物如《奔流》《译文》中也经常插入相关作家的肖像。对此，鲁迅有自己独特的见解。1934 年 10 月 16 日，鲁迅在《译文》第一卷第二期发表了一幅纪德的木刻肖像，并同时发表纪德的短文《描写自己》和日本作家石川涌的《述说自己的纪德》。鲁迅评论道："每一个世界的文艺家，要中国现

[1] 鲁迅全集 4 [M].458.

在的读者来看他的许多著作和大部的评传，我以为这是一种不看事实的要求。所以，作者的可靠的自叙和比较明白的画家和漫画家所作的肖像，是帮助读者想知道一个作家的大略的利器。《描写自己》即由这一种意义上，译出来试试的。"[1] 正是基于这一思想，鲁迅非常重视作家的肖像。鲁迅翻译的普列汉诺夫的《艺术论》之首，有普氏站立半身相一张，长发分披，须眉浓重，目光炯炯，严肃刚毅，左手扶腰带，做沉思状，很能显示其思想家、革命家的性格。鲁迅译卢那察尔斯基的《艺术论》，也印有卢氏的画像，身材魁梧，天庭饱满，戴圆边眼镜，目视前方，神定气闲，沉稳而睿智。

他编辑的刊物《奔流》，大量刊载作家的画像，如果戈理、托尔斯泰、易卜生、谢德林和契诃夫等。1928 年 7 月 24 日，鲁迅在《奔流》第一卷第二期发表译文布哈林的《苏维埃联邦从 Maxim Gorky 期待着什么？》，同时插入一幅夸张的高尔基漫画头像，满脸皱纹，颇有历史的沧桑感。在头像前后，叠加了俄罗斯人民从奋起抗争，到进行工业化建设的奋斗历程。头像前叠加的佛像、花瓶则象征了东方文化。整幅画作以超现实的手法表现了脚踏东西方文化，思索人类命运的深刻内涵。

当然，作者像只是最简单的插图，鲁迅更注重的是表现作品内容的插图。1930 年初，鲁迅根据日译本转译苏联作家法捷耶夫的长篇小说《毁灭》，并以《溃灭》的译名在刚创刊的《萌芽》月刊上连载。小说描写苏联国内战争时期由苏联远东滨海边区工人、

---

[1] 鲁迅全集10 [M].498.

《毁灭》插图

《铁流》插图——毕斯克列夫

农民和革命知识分子所组成的一支游击队同国内反革命白卫军以及日本武装干涉军进行斗争的故事。不久，《萌芽》被国民党当局查封，连载也就中断了。1930年底，鲁迅译完了这部作品。此书被列为《现代文艺丛书》之一，本来计划由上海神州国光社出版。因国民党对左翼作家和左翼文艺的压迫，神州国光社不敢承印。鲁迅遂找大江书铺出版，书名改为《毁灭》，译者名改为"隋洛文"，删去了序跋。

鲁迅很不甘心，便自己创办三闲书屋，自费印书。从编辑、翻译、校对、装帧设计，到与印刷厂和书店联系印刷、代售业务，都由鲁迅和许广平亲自做。三闲书屋出的第一本书就是《毁灭》，恢复了译者"鲁迅"的名字，加上了序跋，打上"三闲书屋校印"的字样。鲁迅自己为《毁灭》撰写了广告词："《毁灭》作者法捷耶夫，是早有定评的小说作家，本书曾经鲁迅从日文本译出，登载月刊，读者赞为佳作。可惜月刊中途停印，书亦不完。现又参照德英两种译本，译成全书，并将上半改正，添译藏原惟人，茀理契序文，附以原书插画六幅，三色版印作者画像一张，亦可由此略窥新的艺术。不但所写的农民矿工以及知识阶级，皆栩栩如生，且多格言，汲之不尽，实在是新文学中的一个大炬火。"[1]

鲁迅翻译或校订的儿童文学作品《小约翰》《小彼得》《表》《坏孩子和别的奇闻》等都附有精美的插图。如《小彼得》插图6幅、《表》插图22幅。《小约翰》出版时，前面有原作者望·蔼覃的照相，鲁迅看到第一次做的图样不好，非要求重做一张不可。鲁

[1] 鲁迅全集8[M].503.

迅还翻译过契诃夫的八篇小说，结集为《坏孩子和别的奇闻》。鲁迅特别声明："这回的翻译的主意，与其说为了文章，倒不如说是因为插画；德译本的出版，好像也是为了插画的。这位插画家玛修丁（V.N.Massiutin），是将木刻最早给中国读者赏鉴的人，《未名丛刊》中《十二个》的插图，就是他的作品，离现在大约已有十多年了。"[1]

鲁迅翻译的《死魂灵》1935 年 11 月由上海文化生活出版社出版，前有果戈理画像，正文 11 章，每章一幅插图，共 11 幅。后来，他又花高价买下《死魂灵百图》，并加入自己已收藏的几幅合并出版。鲁迅编辑的《死魂灵百图》，出版于 1936 年，收录俄国艺术家所作的最写实而且可以互补的两种《死魂灵》的插画一百余幅，成为收集最全的《死魂灵》插图。鲁迅亲自加衬页，折叠，看校样。鲁迅认为，这本插图，"除绍介外国的艺术之外，第一，是在献给中国的研究文学，或爱好文学者，可以和小说相辅，所谓'左图右史'，更明白十九世纪上半的俄国中流社会的情形，第二，则想献给插画家，借此看看别国的写实的典型，知道和中国向来的'出相'或'绣像'有怎样的不同，或者能有可以取法之处。"[2]他说，《死魂灵》时代的"男子的衣服，和现在虽然小异大同，而闺秀们的高髻圆裙，则已经少见；那时的时髦的车子，并非流线形的摩托卡，却是三匹马拉的篷车，照着跳舞夜会的所谓眩眼的光辉，也不是电灯，只不过许多插在多臂烛台上的蜡烛：凡

---

[1] 鲁迅全集 10 [M].448.
[2] 鲁迅全集 6 [M].461.

这些，倘使没有图画，是很难想象清楚的。"[1]

　　鲁迅翻译的论文集也多有插图。如《苦闷的象征》，前有作者厨川白村像，文中插入名画《蒙娜丽莎》、波德莱尔像、莫泊桑像和雪莱纪念雕像等；《出了象牙之塔》插入英国诗人勃朗宁夫妇、英国艺术理论家莫里斯、德国戏剧家霍普特曼以及著者厨川白村本人的照像；《思想·山水·人物》的插图有英美政治家、思想家、文学家如威尔逊、阿诺德、法朗士等人的肖像，有密西西比河风景、滑铁卢纪念塔，还有北京城和骆驼等。鲁迅说明道："原书有插图三幅，因为我觉得和本文不大切合，便都改换了，并且比原数添上几张，以见文中所讲的人物和地方，希望可以增加读者的兴味。"[2]

　　鲁迅编辑的《奴隶丛书》，收入青年作家叶紫的短篇小说集《丰收》、田军（萧军）的长篇小说《八月的乡村》和萧红的长篇小说《生死场》。鲁迅分别为之作序，并介绍青年木刻家黄新波为《丰收》设计封面、作木刻插图，为《八月的乡村》设计封面。鲁迅将书刊插图作为木刻的主要用武之地，经常利用自己的影响，向其他刊物推荐插图，这也是鲁迅介绍木刻作品、推动木刻发展的重要方式。

　　鲁迅临终前编辑了瞿秋白的遗文《海上述林》上下两卷。为了增加读者的兴趣，为了纪念死者，鲁迅甚至不顾和上卷体例的不同，将原来所附的 12 幅插图一并印入下卷，体现了鲁迅重视插图的一贯思想。

---

[1] 鲁迅全集 6 [M].460.

[2] 鲁迅全集 10 [M].301.

鲁迅编辑刊物如《奔流》《译文》也喜欢多加插图。对此，许广平在《鲁迅与中国木刻运动》中有生动的回忆："大约是编《奔流》之故罢，当一九二八年的时候。他编书的脾气是很特殊的，不但封面欢喜更换，使得和书的内容配合，如托尔斯泰专号，那封面就不但有书名，而且还加上照片。内容方面，也爱多加插图，凡是他手编的书如《奔流》，以及《译文》，都显示出这一特色。而插图之丰富，编排之调和，间或在刊物中每篇文稿的前后插些寸来大小的图样，都是他的爱好。即在现时研究起来，上述刊物拿到手头，没有人不觉得满意的。"[1]如鲁迅在《奔流》刊载了日本文学家、文艺理论家有岛武郎的文艺论文《叛逆者》三篇，分别论述了雕塑、诗和画，鲁迅专门加插图二十种，是原本中所没有的。

除了文学，鲁迅也念念不忘其他方面的插图。关于科学插图，他说："单为在校的青年计，可看的书报实在太缺乏了，我觉得至少还该有一种通俗的科学杂志，要浅显而且有趣的。"他希望科普书要生动有趣，多加插图。他翻译的《药用植物》一书，插入近30幅植物图片，直观易懂。

鲁迅不惜精力、财力，介绍了大量外国插图名作。他还准备出版《〈铁流〉之图》《〈城与年〉插图》《〈安娜·卡列尼娜〉插图》，法、英、俄等国的插图选集以及明代小说传奇插图选集等，都没能实现。1936年3月10日，鲁迅扶病撰写了《城与年插图本小引》，原拟将此书付印，也没有来得及实现。

鲁迅的美术世界

[1] 许广平.鲁迅的写作和生活：许广平忆鲁迅精编[M].上海：上海文化出版社，2005：41.

鲁迅不仅为自己的译作选插图，也为别人的译作找插图。1929 年冬，一位素不相识的文学青年孙用将其翻译的裴多菲的长诗《勇敢的约翰》寄给鲁迅，鲁迅决定介绍出版，并向译者征询插图，不久收到了从匈牙利直接寄来的十二幅彩色壁画画页，很是精美，鲁迅决定全部插入诗集出版，但费了一年半时间，跑了三个杂志编辑部和两家书局，碰足"钉子"，听够"官话"，只好"满身晦气，怅然回来"。最后，由鲁迅代垫一笔可观的印费，才得以出版。尽管鲁迅对印出的书仍不太满意，但他认为，在当时已算印得比较好的书。1935 年，鲁迅在翻译保加利亚作家伐佐夫的短篇小说《村妇》的译者附言中，又介绍了孙用翻译的伐佐夫的短篇小说集《过岭记》及其对保加利亚文学和伐佐夫创作的介绍，既显示了鲁迅对被压迫民族文学的一贯重视，也表现了鲁迅对青年翻译家孙用的厚爱。在鲁迅的感召下，孙用开始从事鲁迅研究，弘扬鲁迅精神，他参与编辑《鲁迅全集》，并出版了《鲁迅全集校勘记》《鲁迅全集正误表》和《〈鲁迅译文集〉校读记》，以实际行动表达了对鲁迅的感恩和对鲁迅精神的继承与发扬。

曹靖华是俄苏文学的著名翻译家。1924 年赴苏留学，翌年回国，参加过未名社，出版过翻译小说《烟袋》和《四十一》。1927年 4 月，重赴苏联，从事教学和翻译工作，1933 年回国。他翻译的绥拉菲摩维奇的长篇小说《铁流》，经鲁迅编辑，于 1931 年由三闲书屋出版。出版前，鲁迅多次写信，请曹靖华寻找毕斯克列夫作的《铁流》插图，没有成功。鲁迅只好将原本的几幅插图印入书中，并说明道："毕斯克列夫是有名的木刻家，刻有《铁流》的图若干幅，闻名已久了，寻求他的作品，是想插在译本里面的，而可惜得不到。这回只得仍照原本那样，用了四张照片和一张地图。"[1]

1931年9月，在为李兰翻译的马克·吐温的小说《夏娃日记》所作《小引》中，鲁迅特别介绍了其中的插图："莱勒孚（Lester Ralph）的五十余幅白描的插图，虽然柔软，却很清新，一看布局，也许很容易使人记起中国清季的任渭长的作品，但他所画的是仙侠高士，瘦削怪诞，远不如这些的健康；而且对于中国现在看惯了斜眼削肩的美女图的眼睛，也是很有澄清的益处的。"[2]

1933年7月，由邹韬奋翻译的《革命文豪高尔基》登出了出书广告，鲁迅见到后，立即写信给邹韬奋，称赞此书是"给中国青年的很好的赠品"，并说，"我以为如果能有插图，就更加有趣味。我有一本《高尔基画像集》，从他壮年至老年的像都有，也有漫画。倘要用，我可以奉借制版。制定后，用的是那几张，我可以将作者的姓名译出来。"[3]后来，此书果然插入了鲁迅推荐的多幅插图，图文并茂，增色不少。

[1] 鲁迅全集7[M].388.

[2] 鲁迅全集4[M].341.

[3] 鲁迅全集12[M].395.

三、版式设计

　　邱陵在《书籍装帧艺术简史》中这样评价鲁迅："他（鲁迅）对一本书的关心，并不仅仅着眼于一张封面画。为了使一本书成为一件完美的艺术品，除了对内容进行精心校勘以外，还十分注意使它从内容到形式成为一个完整的整体。所以从插图、封面、题字、装饰、版式，直到纸张、装订、书边切或不切、标点的位置大小，他都是非常细心考究的。"[1]

　　的确是这样。除了封面与插图，鲁迅对正文版式设计等方面也非常重视。他重视借鉴外国图书装帧经验，把书刊装帧得更加美观大方，富有文化底蕴。他有一段非常著名的论述：

　　"我于书的形式上有一种偏见，就是在书的开头和每个题目前后，总喜欢留些空白，所以付印的时候，一定明白地注明。但待排出寄来，却大抵一篇一篇挤得很紧，并不依所注的办。查看别的书，也一样，多是行行挤得极紧的。较好的中国书和西洋书，每本前后总有一两张空白的副页，上下的天地头也很宽。而近来中国的排印的新书则大抵没有副页，天地头又都很短，想要写上一点意见或别的什么，也无地可容，翻开书来，满本是密密

----

[1] 邱陵.书籍装帧艺术简史［M］.哈尔滨：黑龙江人民出版社，1984：67.

层层的黑字；加以油臭扑鼻，使人发生一种压迫和窘促之感，不特很少'读书之乐'，且觉得仿佛人生已没有'余裕'，'不留余地'了。"[1]

后来，鲁迅更明确地说："我先前在北京参与印书的时候，自己暗暗地定下了三样无关紧要的小改革，来试一试。一，是首页的书名和著者的题字，打破对称式；二，是每篇的第一行之前，留下几行空白；三，就是毛边。"[2]

鲁迅一直喜欢毛边书。所谓"毛边"，是指装订成册的书籍或杂志不切边。鲁迅是毛边书的早期爱好者和坚定提倡者，他戏称自己是"毛边党"。早在 1909 年，由他设计出版的《域外小说集》就是"毛边"。1925 年，鲁迅与台静农、李霁野、韦素园、韦丛芜及曹靖华等六人在北京成立了未名社，出版了"未名丛刊"23 种，"未名新集"6 种，以及不列入丛书的 2 种。其中的图书大部分是毛边书，版面疏朗大方，很大程度上体现了鲁迅的书籍设计思想。1935 年 4 月 10 日，鲁迅致信曹聚仁说："《集外集》付装订时，可否给我留十本不切边的。我是十年前的毛边党，至今脾气还没有改。但如麻烦，那就算了，而且装订作也未必肯听，他们是反对毛边的。"[3]

鲁迅之喜欢"毛边"，自然有其个人的兴趣与偏爱，他认为，毛边书可以边裁边读，很有乐趣。但他提倡"毛边"，当初也是很为读者考虑的，他认为，全书读完后把边切掉，又像新书一样，

---

[1] 鲁迅全集 3 [M].15.

[2] 鲁迅全集 3 [M].506.

[3] 鲁迅全集 13 [M].436.

非常干净。20 世纪 30 年代，毛边书和毛边杂志曾经受到部分文人的喜爱，流行一时。但"毛边书"需要读者在阅读时自己裁开，翻阅也不太方便，后来便基本不用了。

鲁迅根据内容需要确定开本、排版和装订样式。1933 年，瞿秋白在上海从事文化活动，编辑了《鲁迅杂感选集》。该书出版时，鲁迅于 1933 年 4 月 20 日致出版者李小峰一信说："《杂感选集》的格式，本已用红笔标了大半，后来一想，此书有十七万余字（连序一万五千字在内），若用每版十二行，行卅六字印，当有四百余页，未免太厚，不便于翻阅。所以，我想不如改为横行，格式全照《两地书》，则不用三百页可了事，也好看。"

1935 年，黄源要编辑《译文丛书》插画本，同年 4 月 9 日，鲁迅致信黄源，建议："插画本丛书的版心，我看每行还可以添两个字，那么，略成长方，比较的好看（《两地书》如此），照《奔流》式，过于狭长，和插画不能调和，因为插画是长方的居多。"

鲁迅对于版式的要求非常严格。他在给编辑的信中，对《写在坟的后面》一文的编排做了详细的标注：如要求"另起页"，题目上下各"空一行"，题目前"空四格"，题目每字之间"空半格"，最后诗歌的排列上下各"空一行"，前面"空六格"或"空八格"，标题与正文各用几号字，等等，他甚至具体到标点符号。[1] 他多次说："书的每行的头上，倘是圈，点，虚线，括弧的下半的时候，是很不好看的。我先前做校对人的那时，想了一种方法，就是在上一行里，分嵌四个'四开'，那么，就有一个字挤到下一行去，

---

[1] 鲁迅全集 11 [M].612.

好看得多了。"[1]

鲁迅在版权页的设计上，也喜欢别出心裁。印《十竹斋笺谱》时，鲁迅说："我想这回不如另出花样，于书之最前面加一页，大写书名，更用小字写明借书人及刻工等事，如所谓'牌子'之状，亦殊别致也。"[2]

鲁迅设计书籍，不仅考虑内容，也考虑读者的购买力。他设计的大部分封面只有文字，没有图案，或图案比较简单，一般用两色，用三色印刷的不多。因为印刷复杂，成本就要提高，就要增加读者的负担。陶元庆曾给《莽原》设计过一个封面，需要用两色板印刷，费用较高，鲁迅认为《莽原》是小刊物，书价廉，用两色板的封面是力所不及的，建议请司徒乔另外设计一个，陶元庆画的那一幅可以用于讲中国事情的书上。后来，鲁迅将这一设计用在自己校订的《唐宋传奇集》的封面上。

鲁迅精通出版发行之道，也很为书局着想。出版《三闲集》时，他给北新书局老板李小峰建议说："版式可照《热风》，以一年为一份，连续排印，不必每篇另起一版。每行字数，为节省纸张起见，卅六字亦可；为抵制翻版计，另印一种报纸廉价版亦可，后两事我毫无成见。"[3]

鲁迅对印刷质量的要求非常严格。他羡慕欧洲的印刷质量之高，而慨叹中国的印刷水平之低。他说，拿欧洲、日本和中国印刷的图画一比较，就会发现一个不如一个。中国印刷的彩图，单

[1] 鲁迅全集 12 [M].367—368.

[2] 鲁迅全集 13 [M].221.

[3] 鲁迅全集 12 [M].302.

看一张也还可以，但比较几张后就会发现，每一张的颜色会小有不同。1926 年 10 月 29 日，鲁迅致信陶元庆说："《彷徨》的书面实在非常有力，看了使人感动。但听说第二版的颜色有些不对了，这使我很不舒服。"印《朝花夕拾》封面时，鲁迅因有事不能亲自到印刷所检查，怕印出的颜色与原作有出入，便委托钱君匋一连几天跑印刷厂，将每套的颜色都细细校正。

鲁迅亲自编辑的《勇敢的约翰》印出后，鲁迅非常高兴，给译者孙用写信，认为这是一部印得比较好的书。但他仍有不满："这回的本子，他们许多地方都不照我的计划：毛边变成了光边，厚纸改成薄纸，书面上的字画，原拟是偏在书脊一面的，印出来却在中央，不好看了。"[1]

鲁迅对印刷出版工艺，对各种纸张的性能、效果和价格也非常熟悉。这在鲁迅与作者和出版者的通信中有许多生动的事例。只要看看他 1933 年 11 月 16 日致吴渤信中关于翻印画册选用不同工艺、不同纸张及印刷数量、价格的分析，便会惊异于鲁迅的内行。

鲁迅出书并不追求豪华，但他喜欢精装的书籍。日本青年学者增田涉翻译了鲁迅的《中国小说史略》在日本出版，印刷装订均极华美。出版后，增田涉赠给鲁迅两册，鲁迅很高兴，说："《中国小说史》豪华的装帧，是我有生以来，著作第一次穿上漂亮服装。我喜欢豪华版，也许毕竟是小资的缘故罢。"[2]

瞿秋白是中国共产党早期领导人，在文学和翻译方面都有卓

［1］ 鲁迅全集 12 ［M］.284.
［2］ 鲁迅全集 14 ［M］.359.

越的建树，三十年代初曾三次在鲁迅家避难。他们共同讨论时局和文学、翻译问题，鲁迅对瞿秋白的为人和才华极为欣赏，曾书赠一联："人生得一知己足矣，斯世当以同怀视之。"瞿秋白还征得鲁迅的同意，编辑了《鲁迅杂感选集》，并作长篇序言，对鲁迅杂感给予高度的评价。

1934 年，瞿秋白被捕，1935 年 6 月 18 日被害。鲁迅得知这一噩耗后，沉默良久，说："人被杀了，文章是杀不掉的！"[1]他不顾病体，决定编印瞿秋白的译文集《海上述林》。从编辑、校对到撰写序言、广告，样样亲自动手。《海上述林》分上下两卷，由鲁迅题写书名，封面署"诸夏怀霜社"出版，"霜"就是指瞿秋白。瞿秋白曾名瞿霜。因为编此书是为了纪念，为了抗议，所以，书印得特别讲究，有两种精装本，一种是深蓝色天鹅绒面，蓝边；一种为灰色麻布面，墨绿色皮脊，金边，书脊上印有烫金书名，用重磅纸。鲁迅拿到第一本样书后高兴地说："皮脊太'古典的'一点，平装是天鹅绒面，殊漂亮也。"[2]出版家唐弢认为："初版本甲乙两种《海上述林》，在中国出版界中，当时曾被认为是从来未有的最漂亮的版本。"[3]

可惜，鲁迅生前只看到了上卷的出版。1936 年 7 月 17 日，鲁迅在致瞿秋白妻子杨之华的信中写道："秋的遗文，后经再商，终于决定先印翻译。早由我编好，第一本论文，约三十余万字，已排好付印，不久可出。第二本为戏曲小说等，约二十五万字，

[1] 晦庵. 书话 [M]. 北京：北京出版社, 1962：60.

[2] 鲁迅全集 14 [M].140.

[3] 晦庵. 书话 [M]. 北京：北京出版社, 1962：61.

则被排字者拖延，半年未排到一半。其中以高尔基作品为多。译者早已死掉了，编者也几乎死掉了，作者也已经死掉了，而区区一本书，在中国竟半年内不能出版，真令人发恨（但论者一定倒说是我发脾气）。不过，无论如何，这两本，今年内是一定要印它出来的。"

就在鲁迅去世的当月，《海上述林》下卷出版。

四、标识设计

（一）合作设计中华民国国徽

1912年1月1日，中华民国成立，4月迁都北京，6月公布五色旗为国旗。接着筹划国徽设计，决定由教育部负责，具体由社会教育司的周树人、钱稻孙和专门教育司的许寿裳承担，因为当时教育部也负责美术工作。他们三人通力合作，由钱稻孙起草国徽图案，鲁迅撰写国徽说明。设计于1912年8月完成。鲁迅撰写的《致国务院国徽拟图说明书》1913年2月刊载于《教育部编纂处月刊》第一卷第一册，其文曰：

> 谨按西国国徽，由来甚久，其勾萌在个人，而曼衍以赅一国。昔者希腊武人，蒙盾赴战，自择所好，作绘于盾，以示区别。降至罗马，相承不绝。迨十字军兴，聚列国之士而成师，惧其杂糅不可辨析，则各以一队长官之盾徽为识，由此张大，用于一家，更进而用于一族，更进而用于一国。故权舆之象，率为名氏，表个人也；或为十字，重宗教也。及为国徽，亦依史实，因是仍多十字，或摹盾形，复作衮冕旗帜之属，以为藻饰。虽有新造之国，初制徽识，每不能出其环中，盖文献限之矣。

今中华民国，已定嘉禾为国徽，而图象简质，宜求辅佐，俾足以方驾他徽，无虑朴素。惟历史殊特，异乎欧西，彼所尚者，此不能用。自应远据前史，更立新图，确有本柢，庶几有当。考诸载籍，源之古者，莫如龙。然已横受抵排，不容作绘。更思其次，则有十二章。上见于《书》，其源亦远。汉唐以来，说经者曰：日月星辰，取其照临也；山，取其镇也；龙，取其变也；华虫，取其文也；宗彝，取其孝也；藻，取其洁也；火，取其明也；粉米，取其养也；黼，取其断也；黻，取其辨也。美德之最，莫不赅备。今即从其说，相度其宜，会合错综，拟为中华民国徽识。作绘之法，为嘉禾在于中，是为中心。嘉禾之状，取诸汉"五瑞图"石刻。干者，所以拟盾也。干后为黼，上缀粉米。黼上为日，其下为山。然因山作真形，虑无所置，则结缭成篆文，而以黻充其隙际。黼之左右，为龙与华虫，各持宗彝。龙复有火丽其身，月属于角。华虫则其咮衔藻，其首戴星。凡此造作改为，皆所以求合度而图调和。国徽大体，似已略具。复作五穗嘉禾简徽一枚，于不求繁缛时用之。又曲线式双穗嘉禾简徽一枚，于笺纸之属用之。倘更得深于绘事者，别施采色，令其象更美且优，则庶几可以表华国之令德，而弘施于天下已。

据鲁迅 1912 年 8 月 28 日日记记载："与稻孙、季市同拟国徽告成，以交范总长，一为十二章，二为旗鉴，并简章二，共四

鲁迅参与设计的中华民国国徽

鲁迅设计的北大校徽和现在的北大校徽

图……"但目前所见公布者仅一图。鲁迅还藏有此国徽试铸样章一枚。钱稻孙 1961 年 5 月回忆道：鲁迅的文章写得很好，教育部的人都很佩服。他还说，这枚国徽后来很使用了一阵，驻各国使馆用了，国书上用了，证书上用了，钱币上也用了。袁世凯背叛民国后，舆论要求废除钱币上的袁大头图案，故改用鲁迅等设计的"十二章国徽图"铸币，由天津造币厂铸造，在京津地区流通，北京鲁迅博物有收藏。[1]

（二）设计北京大学校徽

北京大学的第一个校徽，大概也是中国大学的第一个校徽，是由鲁迅设计的。

鲁迅日记 1917 年 8 月 7 日记："……寄蔡先生信并所拟大学徽章。""蔡先生"即蔡元培，"大学"是北京大学。

1916 年 12 月，蔡元培就任北京大学校长，次年便邀请鲁迅设计北大校徽。1917 年 8 月 7 日鲁迅设计完成后寄给蔡元培，被采用。该校徽纯粹以文字进行设计，简洁明了，容易识别，造型美观，底蕴深厚。校徽的整体形象形似我国秦汉瓦当，有深厚的历史感；外轮廓为圆形，体现兼容并包的大气；中间为纵向排列的篆体美术字"北大"，笔画圆润饱满，坚实有力。上面的"北"字，如二人相背而立，下面的大字，则如一人正面而立，堂堂正正，稳若泰山。整个画面分割均匀，左右对称。校徽中有三个"人"字，既体现了五四时期尊重人、尊重个性的时代精神，也体现出北大鲜明的人文精神。

---

[1] 访问钱韬孙记录 [C] // 鲁迅研究资料.天津：天津人民出版社，1980.

蔡元培上任伊始，便立即进行大刀阔斧的整顿与改革，提倡"思想自由，兼容并包"，吸收进步学者充实教员队伍，聘请《新青年》主编陈独秀担任文科学长，聘胡适、周作人等为教授，陈独秀随即带《新青年》迁到北京。一时北京大学人才济济，思想活跃，成为新文化运动的中心，民主、科学、自由的殿堂。鲁迅设计的校徽正体现了这一精神。

当然，我们也可以将该校徽的意义解释为尊重人才，以人为本；也可以解释为三人成众，寓意北大人肩负着开启民智的重任。还有人说，"北大"二字就像人的脊梁，借此希望北京大学要培养国家的栋梁；还有人说，上边两人，可解释为学生，下边一个人，可以理解为老师，寓教师甘为人梯、教书育人；等等。所有这些解释都很有内涵，很有意义，它们互相包容，互为补充，既有深厚的历史感，又有鲜明的时代感，令人浮想联翩，挖掘不尽。这正是一个成功设计的魅力所在。

因为种种原因，该校徽后来被长期弃用。直到1980年代，北京大学才重新启用了鲁迅设计的这枚校徽。2007年北京大学对校徽进行了修改，以鲁迅设计的校徽为基础，加以丰富和发展。在原校徽外围添加一个圆环造型，象征学校的团结包容和对至善圆满的美好追求。圆环中添加了学校英文名称，表示在新世纪学校注重面向世界和"建设世界一流大学"的目标，下方的"1898"，显示出北大拥有百年历史的深厚底蕴。校徽的红色是北京大学特定的标准色，被命名为"北大红"。

五、绘画

　　鲁迅无意做画家，我们也不能以画家的标准要求鲁迅。但了解鲁迅的绘画才能，有助于我们理解他对我国现代美术做出巨大贡献的深厚基础。

　　鲁迅幼时一边影描绣像和画谱，一边开始涂鸦式的"创作"。据其两位弟弟记载，他最早的"创作"应是线描《射死八斤》，其次是用铁钉在自家墙壁上画的尖嘴鸡爪的雷公，第三是他给三弟周建人画的一幅国画扇面：一只蜗牛爬在石头上，周围点缀以花草。可惜，这些作品都未保存下来。

　　1912 年 11 月 1 日，绍兴《天觉报》创刊，主办者宋琳是鲁迅在绍兴府中学堂时的学生，他请鲁迅祝贺，鲁迅画了一幅黑白水墨画《如松之盛》。画中一颗弯曲的小松树仿佛凌风而立，顽强不屈。鲁迅题词曰："敬祝天觉出版自由北京周树人祝"。题词和绘画均发表于《天觉报》创刊号。这是迄今仅见的鲁迅国画作品。

　　据许广平记载，1925 年夏，鲁迅曾画过一幅《打伞的小刺猬》。许广平回忆说，在鲁迅北京寓所的园子里曾捉到两只小刺猬，很可爱，手一碰便缩做一团，走起来，细手细脚的，大家都喜欢逗这小动物。后来它逃脱了，无论怎样也找不着。"有一天，落雨了，我撑着伞到了鲁迅先生寓所。后来他给我写信，里面附了一张图，

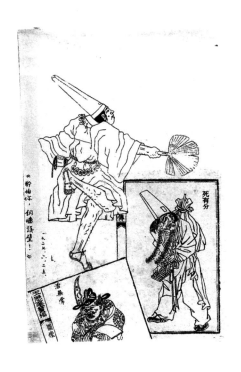

鲁迅画《活无常》(上图)(见《朝花夕拾·后记》)

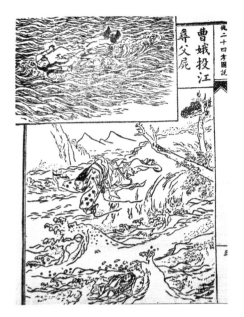

《曹娥投江寻父尸》插图

一只小刺猬拿着伞走，真神气。出北京时这张图还保存着，后来
找来找去也没有，记得从广州到上海，书籍在香港被检查的大敲
竹杠而又乱翻了一通，都散乱在外了（先生也时常记起这张图，
希望能够发见它），不知是否这时失掉。如果还有，那就不让他手
写的'无常'专美了。"[1]

　　鲁迅最著名的画是《活无常》。1927 年鲁迅在广东编定《朝
花夕拾》时作长篇后记，又专门就《二十四孝图》及孝道问题做
了深入的考证分析，并搜集了《曹娥投江寻父尸》插图两幅、老

[1] 许广平.十年携手共艰危:许广平忆鲁迅 [M].石家庄:河北教育出版社,
2000:54.

莱子娱亲插图三幅、活无常与死有分插图各一张以及《玉历钞传》相关插图四种。这应该是唯一由鲁迅插图的鲁迅作品集。特别值得一提的是，因找不到与自己小时见过的活无常一样的插图，鲁迅便动笔画了一幅自己记忆中的活无常："（他）蹙紧双眉，捏定破芭蕉扇，脸向着地，鸭子浮水似的跳舞起来。"鲁迅还在旁边题上活无常的名言："那怕你，铜墙铁壁！"

这是儿时迎神赛会中鲁迅最喜欢的形象。鲁迅回忆道："我至今还确凿记得，在故乡时候，和'下等人'一同，常常这样高兴地正视过这鬼而人，理而情，可怖而可爱的无常；而且欣赏他脸上的哭或笑，口头的硬语与谐谈……"[1] 其二弟周作人说："他在小时描画过许多绣像以及各种画本如《诗中画》等，但是自己所画的还只有这一幅，所以也是很可珍重的。"[2] 但鲁迅对此非常谦虚，他在 1934 年 4 月 9 日致青年画家魏猛克的信中说："我不能画，但学过两年解剖学，画过许多死尸的图，因此略知身体四肢的比例，这回给他加上皮肤，穿上衣服，结果还是死板板的。脸孔的模样，是从戏剧上看来，而此公的脸相，也实在容易画，况且也没有人能说是像或不像。倘是'人'，我就不能画了。"

[1]　鲁迅全集 2 [M].281.

[2]　周作人.关于鲁迅 [M].止庵编.乌鲁木齐：新疆人民出版社，1997：322.

六、书法

书法巨匠颜真卿的远祖南北朝时著名学者颜之推在谈到书法时说："此艺不须过精""慎勿以书自命"，并举王羲之为例说："王逸少风流才士，萧散名人，举世惟知其书，翻以能自蔽也。"[1] 我国近代在书法界竭力提倡碑学的康有为也说："夫学者之于文艺，末事也。书之工拙，又艺之至微下者也。学者蓄德器，穷学问，其事至繁，安能以有用之岁月，耗之于无用之末艺乎？"[2] 颜之推和康有为并不反对书法艺术，但反对过分追求书法艺术，甚至唯书法是求，而舍弃更重要的道德学问。

与我国多数文人学者一样，鲁迅无意做书法家，也不刻意追求所谓书法艺术。但他非常清楚书法的表情达意功能。他曾说："因为有人谈起写篆字，我倒记起郑板桥有一块图章，刻着'难得糊涂'。那四个篆字刻得叉手叉脚的，颇能表现一点名士的牢骚气。足见刻图章写篆字也还反映着一定的风格……"[3] 虽然说的是图章，但与书法的道理是一样的。

绍兴历来是人文荟萃之地，文化发达，书家辈出，古代的王

---

[1] 李花蕾导读注译. 颜氏家训 [M]. 长沙：岳麓书社，2019：254—255.

[2] 康有为. 广艺舟双楫注 [M]. 崔尔平注. 上海：上海书画出版社，1981：45.

[3] 鲁迅全集5 [M]. 392.

羲之、王献之、智永、虞世南、褚遂良、陆游、徐渭，近现代的赵之谦、杨守敬、吴昌硕、章太炎、蔡元培、李叔同、沈尹默、马一浮，皆为一代名家。鲁迅出生于书香之家，祖父是进士、翰林，父亲是秀才。那时，只要参加科举考试，都要写出工整平稳、乌黑发亮的"馆阁体"书法，这虽然被许多书法家所鄙视，却是非有相当的功夫不能做到的。在鲁迅的青少年时代，科举制度还未废除，他接受的仍然是中国的传统教育，练习毛笔字是必修课。他七岁描红，十二岁入三味书屋学习6年，日课不辍，以欧体（欧阳询）为主，书法成绩为同窗之冠。

与一般孩子不同的是，鲁迅从小就特别喜欢抄书，非常勤奋，近乎痴迷。他在三味书屋读书时抄录了《二树山人写梅歌》，抄录了祖父的诗作《桐华阁诗钞》和治家格言《恒训》，抄录了玉田公公所作《鉴湖竹枝词》。对于特别喜欢的书，鲁迅也整本抄录下来，如《花镜》《茶经》《南方草木状》和《兰蕙同心录》等。他还喜欢抄古文奇字，最初是从小本的《康熙字典》的"一"部抄起，把上面所列的古文，一个个地都抄下来。在三弟周建人眼里，大哥放了学，就喜欢趴在小桌子上画画、抄书。少年时代的这些工作为鲁迅的书法艺术打下了坚实的基础。

1909年从日本回国后，鲁迅一直热衷于搜集汉魏六朝的古砖瓦当和碑刻拓片，并研究上面的文字和图像。鲁迅曾在绍兴附近进行考察并拓碑，这些碑拓中的文字有的古意盎然，对鲁迅形成平和古雅的书风有一定的影响。

1912年到北京后，鲁迅对此兴致更高。1915年4月19日，鲁迅从朋友钱稻孙处借得《秦汉瓦当文字》一卷，用22天的时间影写完毕。鲁迅收藏的瓦当拓片有 169 种 317 张，其纹样种类十分丰富，有云纹、山纹、花纹、动物纹、树形纹和文字纹等，以文字纹数量最多。汉代的瓦当往往把文字进行艺术化处理，作为装饰图案使用，形成了汉字独特的装饰风格。鲁迅于 1924 年编成《俟堂专文杂集》（"专"即"砖"，"俟堂"是鲁迅的别号）。此书鲁迅生前未能出版，直到 1960 年才由文物出版社出版。

鲁迅终生喜欢购买碑刻、墓志、造像拓片，达五千余种，整理编成《汉画像目录》《六朝造像目录》《唐造像目录》《六朝墓名目录》等。鲁迅在北京绍兴会馆时期的主要业余工作是校古书、抄古碑。如鲁迅从 1913 年 8 月下旬开始，至同年 11 月 26 日，历时 80 天，用蝇头小楷抄录了宋代戴复古的《石屏集》（又作《石屏诗集》），共 10 卷，272 页。1913 年 10 月 1 日夜，鲁迅抄录《石屏集》时发病。他在日记中写道："写书时头眩手战，似神经又病矣，无日不处忧患中，可哀也。"

从 1915 年到 1918 年，鲁迅仅抄录古碑一项就达 790 种，手稿 1700 余页，甲骨文、金文、篆、隶、真、草各种字体，摹写得非常逼真。鲁迅辑录、校订的古籍手稿达 50 种，其中经部 1 种，史部 16 种，子部 27 种，集部 6 种。鲁迅一度曾想编辑《中国字体变迁史》，未能如愿。这些工作虽然目的不在书法，不同于临帖，但都需要大量书写、临写，对书法基本功训练和书法习惯的养成都是大有好处的。古人云："能观千剑而后能剑，能读千赋而后能赋。"康有为说："学者若能见千碑而好临之，而不能书者，未之

鲁
迅
的
美
术
世
界

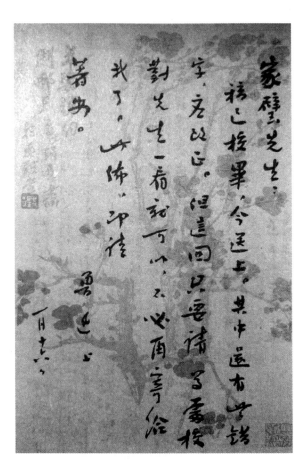

鲁迅书信手迹

有也。"[1]当时与鲁迅朝夕相处的挚友许寿裳说:"先生于著译之外,复勤于纂集古书,抄录古碑,书写均极精美。"[2]

这时,鲁迅还大量购买、浏览历代书家名帖观摩学习,如《六朝人手书左传》《林和靖手书诗稿》《元明古德手迹》《祝枝山草书绝句》《文衡山手书离骚》《吴谷人手书诗稿》《傅青主自写诗稿》《王觉斯自书诗》《金冬心自写诗稿》和《佩文斋书画谱》等,开阔了眼界,为鲁迅在书法上广采博收,融铸百家提供了条件。

鲁迅的书法可分为两类:

一是小楷文稿,包括作品手稿、书信和日记。

《鲁迅全集》600多万字,鲁迅现存25年间的所有书信和日记原稿,都是用毛笔写成,其数量之大,在现代作家中应该是绝无仅有的。这些文稿工整平稳,清雅有致,体现出鲁迅深厚的书法功力和文化底蕴。《鲁迅手稿全集》的出版全面展现了鲁迅的小楷书法水平,为我们研究鲁迅的小楷书法提供了数量巨大的第一手资料。

鲁迅在书写此类文稿时只是将书法作为表达和交流的工具,不会刻意追求所谓"书法艺术"。但因鲁迅的书法、文化功底深厚,便自然具有相当的艺术性。鲁迅喜欢用毛笔写字,甚至他在日本时开西文书单,也是拿毛笔写德国字。但鲁迅从不把自己的习惯强加于人。

鲁迅特别喜欢用"金不换"小楷毛笔书写,这种笔由绍兴城

[1] 康有为.广艺舟双楫注[M].崔尔平注.上海:上海书画出版社,1981:43.

[2] 许寿裳.亡友鲁迅印象记[M].武汉:长江文艺出版社,2019:205.

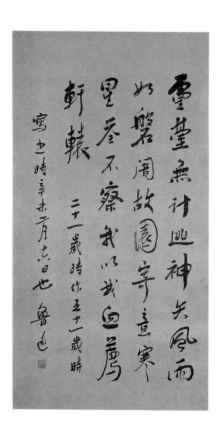

人生得一知己足矣
斯世当以同怀视之

疑久通先属

洛文录何瓦琴句

灵台无计逃神矢
风雨如磐暗故园
寄意寒星荃不察
我以我血荐轩辕

三十一岁时作五十一岁时

写十时辛未八月志已也 鲁迅

鲁迅书法（一）

里的一家笔庄卜鹤汀制作，以正冬狼尾（黄鼬尾）为主，以江苏句容所产野兔毛为辅，又用芙蓉花皮混合制成，能吸水，细软而劲健，书写自如。鲁迅在北京、上海时还曾托人或写信到绍兴购买"金不换"。

中国的笺纸，上面往往印有淡淡的国画小品如山水花鸟之类，鲁迅非常喜欢。他曾与郑振铎合作编辑了《北平笺谱》。鲁迅后期写的信，有许多是写在彩色笺纸上的，清淡素雅，饶有诗意。如他1929年到北平探望母亲时，就到琉璃厂的几家纸铺买了很多笺纸。有一次给许广平写信，就特意挑选了一页画有三个大枇杷、一页画有两个莲蓬并有题句的信笺。因为许广平爱吃枇杷，当时正有身孕，莲蓬寓意得子也。许广平在回信中也深会其意。

二是诗文条幅。

这些一般都是大字，应人之请，书写他人或自作诗句以赠人，有更自觉的书法艺术追求。鲁迅一生关注的焦点是思想革命，主要工作是著述和翻译。他无意作书家，在世时也不以书法名家，但因他是文化名人，书法也好，常有人请他写字，大都写他自作的旧体诗。《鲁迅诗稿》中收集了鲁迅四十二题四十七首旧体诗、六首新体诗的手迹以及录写的二十二幅古典诗文的手迹，可以窥见鲁迅的书法的特点。

许寿裳说："鲁迅之旧诗，多半为有索书者而作，例如《自嘲》一首是书贻柳亚子先生者，《所闻》一首书贻内山夫人者，《亥年残秋偶作》书贻余者，又诗集第一首《自题小像》亦赠余者。诗

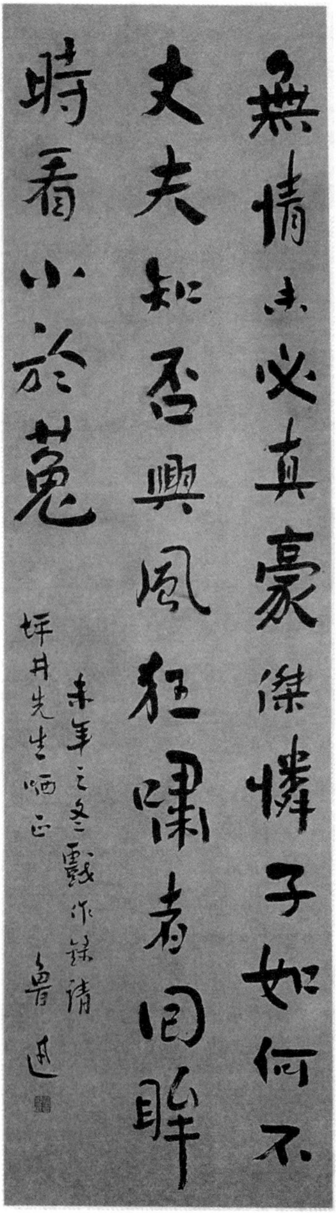

無情未必真豪傑 憐子如何不

丈夫 知否興風狂嘯者回眸

時看小於菟

坪井先生哂正

未年之冬戲作録請

鲁迅

鲁迅书法（二）

虽不多，然其意境声调，俱极深闳，称心而言，别具风格。"[1]

鲁迅的《自题小像》《无题（惯于长夜过春时)》《自嘲》《答客诮》《悼杨铨》《亥年残秋偶作》等，诗书俱佳，既代表了鲁迅的旧体诗水平，也代表了鲁迅的书法艺术水平。

如《自题小像》作于留学日本时，后书赠许寿裳：

> 灵台无计逃神矢，风雨如磐暗故园。
> 寄意寒星荃不察，我以我血荐轩辕。

1933 年 1 月 10 日，应郁达夫之请写自作诗《答客诮》：

> 无情未必真豪杰，怜子如何不丈夫？
> 知否兴风狂啸者，回眸时看小於菟。

1933 年 1 月 26 日日记："夜为季市（许寿裳）书一笺。"即《无题》（惯于长夜过春时）

> 惯于长夜过春时，挈妇将雏鬓有丝。
> 梦里依稀慈母泪，城头变幻大王旗。
> 忍看朋辈成新鬼，怒向刀丛觅小诗。
> 吟罢低眉无写处，月光如水照缁衣。

1933 年 6 月 20 日，鲁迅往万国殡仪馆送别被国民党特务暗杀的中国民权保障同盟执行委员杨铨，回家后成诗一首《悼杨铨》：

―――――――――

[1] 许寿裳.我所认识的鲁迅［M］.北京：人民文学出版社，1978：55.

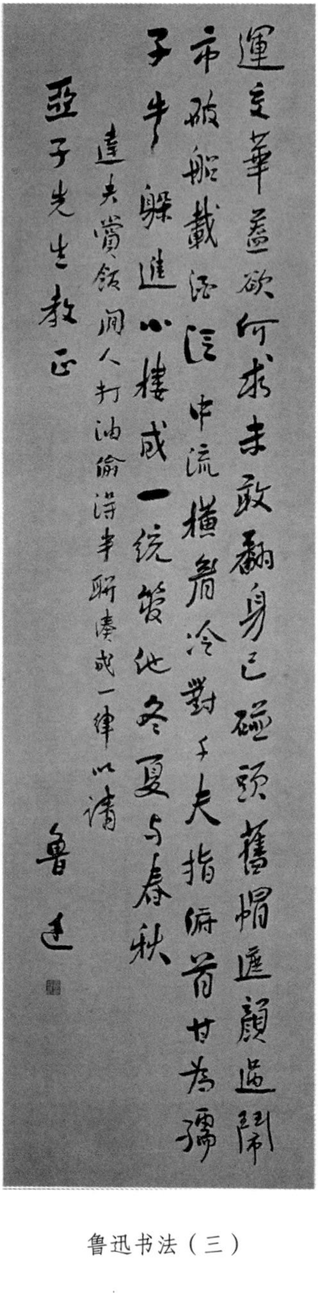

運交華蓋欲何求，未敢翻身已碰头。
破帽遮颜过闹市，漏船载酒泛中流。
横眉冷对千夫指，俯首甘为孺子牛。
躲进小楼成一统，管他冬夏与春秋。

達夫賞飯，閑人打油，偷得半聯，湊成一律，以請

亚子先生教正

鲁迅

鲁迅书法（三）

岂有豪情似旧时，花开花落两由之。

何期泪洒江南雨，又为斯民哭健儿。

1935 年 12 月 5 日鲁迅日记："午后，……为季市（许寿裳）书一小幅云：'曾惊秋肃临天下……'"此即《亥年残秋偶作》：

曾惊秋肃临天下，敢遣春温上笔端。

尘海苍茫沉百感，金风萧瑟走千官。

老归大泽菰蒲尽，梦坠空云齿发寒。

竦听荒鸡偏阒寂，起看星斗正阑干。

1927 年初，鲁迅离开厦门时，曾送给川岛一幅字，写的是司马相如《大人赋》中的一段文字。川岛后来回忆说，鲁迅在送字的时候半开玩笑又比较自信地说："不要因为我写的字不怎么好看就说字不好，因为我看过许多碑帖，写出来的字没有什么毛病。"川岛评价道："尽管鲁迅先生不自许为书法家，亦无心作书家，所遗字迹确都不难看。笔致娟秀，不媚不俗，就是好嘛。"[1]

与鲁迅交往颇深的日本学者增田涉这样评价鲁迅的书法："他写的字，决不表现这锐利的感觉或可怕的意味。没有棱角，稍微具着圆形的，与其说是温和，倒象有些呆板。他的字，我以为是从'章草'来的。因为这一流派，所以既不尖锐也不带刺，倒是拙朴、柔和的。据说字是表现那写字人的性格的，从所写的字看来，他既没有霸气又没有才气，也不冷严。而是在真挚中有着朴

---

[1] 川岛.关于鲁迅手书司马相如《大人赋》[C]//鲁迅研究资料 3.北京：文物出版社，1979：302.

实的稚拙味，甚至显现出'呆相'"。[1]

对于鲁迅的书法，郭沫若评价道："鲁迅先生亦无心作书家，所遗手迹，自成风格。融冶篆隶于一炉，听任心腕之交应，朴质而不拘挛，洒脱而有法度。远逾宋唐，直攀魏晋。世人宝之，非因人而贵也。"[2]

的确，鲁迅的书法融合篆隶，出以楷法，形成了古朴典雅、含蓄蕴藉的艺术风格，被人称为"鲁迅体"。这一风格与鲁迅厚重深刻的小说和匕首投枪式的杂文形成鲜明的对照，表现了鲁迅性格和艺术风格的另一面。现在，有人已编辑出版《名人书法字汇·鲁迅卷》，说明鲁迅的书法作为一"体"，已得到公认。

鲁迅对自己的书法非常谦虚。1927年7月7日，他在广州给川岛写信说："看我自己的字，真是可笑，我未曾学过，而此地还有人勒令我写中堂，写名片，做'名人'做得苦起来了。"1933年1月10日致郁达夫信说："字已写就，拙劣不堪。"1934年8月22日，鲁迅写好英译中国现代短篇小说集《草鞋脚》的书名，并致信译者伊罗生说："书名写上，但我的字是很坏的。"1935年5月，友人杨霁云寄宣纸请鲁迅写字，鲁迅于24日回信说："如此拙字，写到宣纸上，真也自觉可笑……因为我没有写过大字，所以字愈大，就愈坏。"当谈及撰写《北平笺谱》的小序及题签时，鲁迅于1933年9月29日致信郑振铎说："我当做一点小引，但必短如兔

---

[1] 增田涉.鲁迅的印象·鲁迅书法的风格 [M] // 钟敬文著/译.寻找鲁迅·鲁迅印象.北京：北京出版社，2002：305.

[2] 上海鲁迅纪念馆编.鲁迅诗稿·郭沫若序 [M].上海：上海人民美术出版社.1961.

尾巴，字太坏，只好连目录都排印了，然而第一页及书签，却总得请书家一挥，北平尚多擅长此道者，请先生一找就是。"

鲁迅所说不免谦虚，但也不无道理。鲁迅的眼界很高，对自己的书法不满意也在情理之中。鲁迅长期用毛笔书写文稿，写小楷得心应手，写大字较少，所以，鲁迅的一些大幅作品用笔稍显拖沓，线条的力感、韵味稍显不足。

许广平回忆说："迅师于古诗文，虽工而不喜作。偶有所作，系应朋友要请，或抒一时性情，随书随弃，不自爱惜，生尝以珍藏请，辄遭哂笑。"[1]

正因为如此，鲁迅的书法流落民间的很少，弥足珍贵。2013年中国嘉德秋拍，鲁迅的一封信函拍出了655.5万元的天价。这是1934年6月8日鲁迅写给民国时期出版人、编辑家陶亢德的信。2015年12月5日进行的匡时秋拍"澄道——中国书法夜场"中，鲁迅的一件书法作品拍出304.75万元。此幅鲁迅书法的尺幅仅为20厘米×24厘米，内容是："放下屠刀，立地成佛。放下佛经，立地杀人。"此幅上拍作品源自周氏兄弟故人、日本教育家清水安三的后人。

鲁迅也喜欢印章，在南京时期，鲁迅曾刻三枚印章"戎马书生""文章误我"和"戛剑生"以明志，表现自己当时的思想矛盾和精神追求。其中，第一枚印章至今尚存。鲁迅后来所用印章大部分为友人所赠。陈师曾为鲁迅刻过多枚印章，如俟堂、周树所藏、会稽周氏收藏、周，其中以"俟堂"二字的白文石章最佳。

---

[1] 转引自许寿裳.鲁迅旧体诗集序.见许寿裳.我所认识的鲁迅[M].北京：人民文学出版社，1978：55.

鲁迅印章

当时，陈师曾要送鲁迅一方石章，问鲁迅刻何字，鲁迅说，你叫"槐堂"，我就叫"俟堂"吧。原来，那时部里一位长官颇想挤掉鲁迅，鲁迅就安静地等着，所谓"君子居易以俟命"也。鲁迅把"俟堂"两个字颠倒过来，堂和唐两个字同声互换，成为"唐俟"，作为笔名。鲁迅五四时期所写随感录大都署此笔名。[1]

[1] 许寿裳.亡友鲁迅印象记[M].武汉：长江文艺出版社，2019：47.

第四章　鲁迅与新兴版画

　　1927 年 10 月定居上海后，鲁迅以很大的精力从事美术工作。他大量购买美术书籍，勤勉介绍外国美术理论和版画作品，以卓越的美术思想、对现代新兴木刻的大力提倡和对木刻青年的精心扶持，培养了我国第一代新兴木刻家，极大地提高了新兴木刻的地位，使之与国画和油画并驾齐驱，甚至一度成为画坛中坚的新兴画种，使他当之无愧地成为中国现代新兴木刻的导师。

一、提倡新兴版画

二十世纪二三十年代，国画和油画在中国美术界占绝对主导地位，木刻不受重视。但早在 1926 年，鲁迅就已注意到木刻这一新兴艺术形式，他介绍了苏联版画家玛修丁为苏联著名诗人勃洛克的长诗《十二个》所作的四幅木刻版画。他说："这几幅画，即曾被称为艺术底版画的典型。""俄国版画的兴盛，先前是因为照相版的衰颓和革命中没有细致的纸张，倘要插图，自然只得应用笔路分明的线画。然而只要人民有活气，这也就发达起来，在一九二二年弗罗连斯（现译佛罗伦萨）的万国书籍展览会中，就得了非常的赞美了。"[1]

传统版画一般是复制的版画，画者一人，刻者另一人，只是传播美术作品的手段。新兴版画又称创作版画，五四新文化运动后由西方传入，是艺术家自画、自刻、自印的一种新的艺术形式，因其以木刻为主，又称新兴木刻或创作木刻。

1928 年 6 月，鲁迅和郁达夫共同创办《奔流》月刊，这是鲁迅在上海创办并主编的第一份文学刊物，共出版 15 期，1929 年 12 月出至第 2 卷第 5 期停刊。该刊主要发表文艺评论和翻译，鲁

---

[1] 鲁迅全集 7 [M].313—314.

《近代木刻选集》（1）、《近代木刻选集》（2）、《蒋谷虹儿画
选》《比亚兹莱画选》封面

迅亲自题写刊头、设计封面，还精心撰写了《编校后记》12篇。为了给《奔流》预备插图，鲁迅便四处搜求有插图的新书，所见一多，引起爱好，更大事购置，还托在国外的朋友和学生如徐诗荃、陈学昭、季志仁等帮助购买。有一次，鲁迅说中国信笺也是木刻，柔石便把一些中国信笺寄到欧洲，竟意外地收到回信及木刻，大家都非常高兴。

1928年11月，鲁迅、柔石、王方仁、崔真吾、许广平等创办朝花社，至1930年1月结束。朝花社的最初发起者是前四人，他们商定各出资100元。但柔石没钱，由鲁迅垫付。为充实资本，鲁迅又让许广平参加，出100元。所以这一团体60%的资金为鲁迅所出。他们的主要目的是介绍东欧和北欧的文学，输入外国的版画。他们出版了《近代世界短篇小说集》《朝花周刊》《朝花旬刊》和《艺苑朝华》等。其中《艺苑朝华》是他们编辑出版的绘画丛书，专门介绍外国绘画作品，计划出12辑，每辑12图，实际出版了5辑，分别是《近代木刻选集》（1）、《近代木刻选集》（2）、《蕗谷虹儿画选》《比亚兹莱画选》和《新俄画选》，其中主要是木刻和插画。这是我国现代大量输入外国创作版画——特别是创作木刻的开始。其中介绍了英、法、德、意、俄、美、日、瑞典等国的多幅版画作品。鲁迅为每本画集都精心撰写了《小引》或《附记》，简明扼要地介绍了创作版画的起源、特点、历史演变，入选作家作品的基本情况、时代背景和艺术特色，体现出鲁迅对发展创作版画的热切期望。他们还计划出版《近代木刻选集》三、四辑，英、法、俄三国的插画，希腊的瓶画和罗丹的雕刻等，没能实现。

与此同时，鲁迅鲜明地打出了提倡创作木刻的旗帜。1929年

5月，鲁迅在《奔流》上提出："我的私见，以为在印刷技术未曾发达的中国，美术家倘能兼作木刻，是颇为切要的，因为容易印刷而不至于很失真，因此流布也能较广远，可以不再如巨幅或长卷，固定一处，仅供几个人的鉴赏了。又，如果刻印章的人，以铁笔兼刻绘画，大概总也能够开一生面的。"[1]他还发表了一篇概述欧洲木刻史的论文，介绍英国出版的两种木刻入门书《现代木刻》和《当代国内外木刻》。两个月以后，鲁迅就得到了一位木刻爱好者方善境的响应，给《奔流》寄来了一幅木刻作品。

此后，鲁迅在多种场合，反复向美术界呼吁，强调创作木刻的重要意义。他说："多取版画，也另有一种原因：中国制版之术，至今未精，与其变相，不如且缓，一也；当革命时，版画之用最广，虽极匆忙，顷刻能办，二也。"[2]

鲁迅当时已经是一位有着巨大影响力的文学家，他的呼吁，自然容易得到美术青年的响应。1929年初，杭州西湖国立艺术院（1929年冬改名为国立杭州艺术专科学校）的部分学生成立了一个美术团体"西湖一八艺社"，主要成员有陈卓坤、陈铁耕等，因成立于民国十八年（1929），签名参加者有十八人，故称"西湖一八艺社"。该社得到学校当局的支持，并由校长、教授和外籍教师任顾问。1930年，该社曾在上海举办展览会，出版特刊，选发作品和评论文章，由蔡元培封面题签，上海美专、新华艺专的教师也前来参观展览，产生了一定的影响。

1930年2月，受中国共产党人影响的中华艺术大学教师许幸

［1］ 鲁迅全集7［M］.192.

［2］ 鲁迅全集7［M］.363.

之、沈叶沉、王一榴等发起组织时代美术社。他们曾邀请鲁迅到中华艺大演讲，并举办苏联革命美术图片展览会。1930年4月1日，该社在左联刊物《萌芽》发表《时代美术社对全国青年美术家宣言》，他们批判"拜金主义的画家们"，批判"为画画而画画的画家"，揭露"他们的欺瞒和榨取"，宣告："我们的艺术，更不得不是阶级斗争的一种武器了。"他们呼吁："阶级的分化既是这样的明显，那么，在我们的面前只有两条大路：一是新兴阶级的高塔，一是没落阶级的坟墓。诸君既是新时代的青年，决不愿意向没落阶级的坟墓前进吧？时代的青年应该充当时代的前驱，时代的美术应该向着时代的民众去宣传。"1930年7月，他们组织成立了中国左翼美术家联盟。

在时代美术社及左翼文化的影响下，西湖一八艺社成员发生分化。1930年5月21日分裂为两派：一派以陈卓坤为首，由九名进步学生组成，改称一八艺社；另一派仍称西湖一八艺社。此后加入一八艺社的成员有胡一川、季春丹、刘梦莹、姚馥、汪占非等。不久，该社成员遭到学校迫害，有的被开除，有的被勒令退学。

1931年初春，被杭州艺专开除和退学的一八艺社社员张眺（耶林）、于海（于寄愚）、陈卓坤（陈广）、陈耀唐（陈铁耕）等在上海与美术青年周熙（江丰）、黄山定（聊化）、钟步青等结成上海一八艺社（或称一八艺社研究所），并与鲁迅取得联系。1931年6月，一八艺社在上海举办习作展，展出木刻和油画、雕塑、图案等各类作品180件，这是木刻首次在展览会上展出。鲁迅为展览作《一八艺社习作展览会小引》，对青年作者给予充分肯定和大力支持。鲁迅写道：

鲁迅与木刻讲习会学员合影

中国近来其实也没有什么艺术家。号称"艺术家"者，他们的得名，与其说在艺术，倒是在他们的履历和作品的题目——故意题得香艳，缥缈，古怪，雄深。连骗带吓，令人觉得似乎了不得。然而时代是在不息地进行，现在新的，年青的，没有名的作家的作品站在这里了，以清醒的意识和坚强的努力，在榛莽中露出了日见生长的健壮的新芽。

这篇文章实际上是我国现代新兴木刻诞生的宣言，也是鲁迅直接指导左翼美术运动向木刻发展的转折点。

1931 年 8 月，日本木刻教师内山嘉吉到上海探望哥哥内山完造，恰遇鲁迅。鲁迅便邀请他给中国美术青年举办木刻讲习会。这是我国第一个新兴木刻讲习会，设在北四川路底的一所日语学校里，8 月 17 日开始，至 22 日结束，共 6 天。参加讲习会的有陈广、陈铁耕、江丰、黄山定、李岫石、顾鸿干、郑启凡、钟步青、乐以钧、苗勃然、倪焕之、胡仲明、郑川谷 13 人。其中上海一八艺社社员 6 人，上海美专、上海艺大学生各 2 人，白鹅画会学生 3 人。主要讲授木刻技法，如木刻工具的种类和功用，木刻打稿和刻印的各种方法。鲁迅每天到会，亲自担任翻译，还提着一包自己收藏的版画书籍和图版到讲习会，给学员们传阅，以扩大他们的眼界。最后，学员们开了一次作品观摩会。讲习会结束，他们一起合影留念。这次木刻讲习会规模不大，影响却很深远，它在中国美术界播撒了新兴木刻的种子，提高了木刻在中国美术界的地位。深受鲁迅教诲的青年木刻家江丰后来在《纪念"木刻讲习会"创办二十五周年》一文中说："虽然当时参加讲习会的学员只有 13 人，学习的时间也很短促。但是它对中国木刻运动的发展，影响却很大，有似起了星火燎原的作用。"[1]

[1] 人民美术出版社编.回忆鲁迅的美术活动[M].北京：人民美术出版社，1979：30.

二、输入外国版画

　　鲁迅认为，木刻虽起源于中国，但新兴木刻起源于欧洲。1934 年他在《〈木刻纪程〉小引》中指出："中国木刻图画，从唐到明，曾经有过很体面的历史。但现在的新的木刻，却和这历史不相干。新的木刻，是受了欧洲的创作木刻的影响的。"1936 年鲁迅在《记苏联版画展览会》中指出："版画之中，木刻是中国早已发明的，但中途衰退，五年前从新兴起的是取法于欧洲，与古代木刻并无关系。"所以，他强调，学习木刻而要技艺进步，看本国人的作品是不行的，必须多学习外国的优秀作品。他甚至认为，中国的制版和印刷技术不高，如果要认真研究木刻，就必须看外国书。

　　1930 年前后，鲁迅的几位朋友或学生到欧洲留学，为鲁迅购买欧洲版画提供了良好的条件。在法国的陈学昭和季志仁，曾花费不少时间替鲁迅搜寻木刻书。在德国的徐诗荃，因替鲁迅搜寻木刻而引起学习兴趣，自己选学木刻，所以他寄给鲁迅的木刻书，大都经过他老师的指导，选购得很是内行。

　　鲁迅大量翻印外国优秀版画，供青年艺术学徒参考。出版《艺苑朝华》五辑后，他又先后编辑出版了《梅斐尔德木刻士敏土之图》《一个人的受难》《引玉集》《苏联版画集》《死魂灵百图》和《凯绥·珂勒惠支版画选集》。鲁迅还编辑出版了不少插图本文学作品，如《毁灭》《铁流》《表》《小彼得》《坏孩子和别的奇闻》等。

1930 年 9 月，鲁迅以"三闲书屋"的名义自费影印了德国现代木刻家梅斐尔德的《梅斐尔德木刻士敏土之图》，共 10 幅。《士敏土》是苏联作家革拉特珂夫创作的反映苏联国民经济由破坏到恢复的长篇小说，现译为《水泥》。10 幅作品分别为：书名、寂灭的工业、工厂、劳动者、小组、制动机矿山、第一筐、小红旗、开始做工、工业。与我国传统的复制的线描木刻不同，梅斐尔德的作品由作者自创自刻，黑白对比强烈，豪放有力，让当时的木刻青年大开眼界。

麦绥莱勒（1889—1972），通译麦绥莱尔，是比利时画家、木刻家。先在本国的艺术学院学习，后来漫游德、英、瑞士、法国。常向报纸投稿，揭发社会的隐病。作品多为书籍插图，和全用图画来表现的故事。曾为美国的惠特曼、法国的罗曼·罗兰、巴比塞等作家的作品作插图。1933 年 9 月，良友图书印刷公司同时推出了他的四种木刻连环图画故事《一个人的受难》《光明的追求》《我的忏悔》和《没有字的故事》，其中《一个人的受难》由鲁迅作序。鲁迅简要介绍了连环画的历史和作者的生平，并为全部 25 幅图画一一撰写了文字说明：

    这故事二十五幅中，也并无一字的说明。但我们一看就知道：在桌椅之外，一无所有的屋子里，一个女子怀着孕了（一），生产之后，即被别人所斥逐，不过我不知道斥逐她的是雇主，还是她的父亲（二）。于是

鲁迅编辑出版的外国版画集

她只好在路上彷徨（三），终于跟了别人；先前的孩子，便进了野孩子之群，在街头捣乱（四）。稍大，去学木匠，但那么重大的工作，幼童是不胜任的（五），到底免不了被人踢出，像打跑一条野狗一样（六）。他为饥饿所逼，就去偷面包（七），而立刻被维持秩序的巡警所捕获（八），关进监牢里去了（九）。罚满释出（十），这回却轮到他在热闹的路上彷徨（十一），但幸而也竟找得了修路的工作（十二）。不过，终日挥着鹤嘴锄，是会觉得疲劳的（十三），这时乘机而入的却是恶友（十四），他受了诱惑，去会妓女（十五），去玩跳舞了（十六）。但归途中又悔恨起来（十七），决计进厂做工，而且一早就看书自习（十八）；在这环境里，这才遇到了真的相爱的同人（十九）。但劳资两方冲突了，他登高呼号，联合了工人，和资本家战斗（二十），于是奸细窥探于前（二十一），兵警弹压于后（二十二），奸细又从中离间，他被捕了（二十三）。在受难的"神之子"耶稣像前，这"人之子"就受着裁判（二十四）；自然是死刑，他站着，等候着兵们的开枪（二十五）！ [1]

作为一位大文豪而做这样"低级"的工作，足见鲁迅对木刻和连环画的热心。他高度评价麦绥莱勒的作品道："作者的手腕，是很好的，……刀法简略，而黑白分明，非基础极好者，不能到

---

[1] 鲁迅全集 4 [M].573—574.

此境界……"[1]

　　1931 年，旅居苏联的曹靖华翻译了苏联作家绥拉菲摩维奇的
长篇小说《铁流》，由鲁迅编辑出版。为了使《铁流》图文并茂，
鲁迅便搜寻《铁流》的插图。他从刊物上看到了苏联木刻家毕斯
克列夫为《铁流》所刻的插图，便通过曹靖华与苏联木刻家取得
了联系。苏联木刻家表示，版画不要钱，只要寄些中国纸去作代
价就好，因为中国纸印版画最好。于是鲁迅便自己跑到纸店，买
来各种宣纸及抄更纸等，或寄去，或托朋友带去。有一次是托美
国著名女记者史沫特莱带去的。如此反复几次，他不仅得到了《铁
流》的插图，还陆续得到苏联木刻家毕斯克列夫、克拉夫兼珂、
法复尔斯基、亚历克舍夫、冈察洛夫、毕珂夫等木刻家的作品
一百余幅。从这些木刻里，鲁迅见到了苏联的伟大的建筑、伟大
的新事业及伟大的艺术。这更坚定了鲁迅的信念：艺术不能局限
于雕虫小技，而要描绘伟大的历史与现实。鲁迅因此成为苏联木
刻的热烈爱好者和宣传者。1934 年，鲁迅从中选出 59 幅编辑出版。
因为这些作品都是用中国宣纸换来的，鲁迅便取"抛砖引玉"之
意，名之为《引玉集》。这些木刻家大都擅长刻文学作品的插图。
除毕斯克列夫刻过《铁流》的插图外，克拉夫兼珂刻有普希金、
果戈理作品的插图，法复尔斯基刻有普希金、巴尔扎克、梅里美、
法朗士作品的插图，亚历克舍夫则刻有高尔基的《母亲》和费定
的《城与年》的插图。鲁迅也主张，木刻可以向文学插图的方向
发展。为保证印刷质量，更好地供木刻青年参考，鲁迅特地托人

———
[1]　鲁迅全集 13 [M].62—63.

到日本东京用玻璃版精印。

1936年初，苏联对外文化协会等三个单位联合举办了苏联版画展览会，先后在南京、上海两地展出。上海的展览于2月20日在八仙桥青年会九楼东厅开幕。这次展出作品三百件左右，其中有木刻、石刻、胶刻、铜版画、套色木刻、水彩画等，描绘了苏联新社会的建设和生活场景，如大型水电站、油井、拖拉机站、扫盲班，还有列宁、斯大林、高尔基等人的画像，让人耳目一新。早在2月1日，展览方通过茅盾给鲁迅送去展览目录和苏联作家原版木刻45幅，并附一信，邀请鲁迅撰文介绍。鲁迅非常兴奋，认为展览是中国木刻家学习的好机会。他在2月17日致青年木刻家郑野夫的信中说："二十日起，上海要开苏联版画展览会，其中木刻不少……于中国木刻家大有益处，我希望先生和朋友们去看看。"同一天，鲁迅撰写了《记苏联版画展览会》一文，2月24日在上海《申报》发表。展览会开幕后，平时很少公开活动的鲁迅前往观看，他看了两遍，订购了7幅作品，其中两幅是克拉甫钦珂的作品《但尼泊尔（第聂伯）的水闸》《巴古（库）油田》，也有为了给书刊作插图而买的。苏联大使深知鲁迅喜欢苏联版画，委托史沫特莱把他订购的7幅画连同镜框全送给他，一个钱也不要。后来，上海良友图书公司决定出版此次展览的画集，名《苏联版画集》。鲁迅应编辑赵家璧之邀为其挑选作品。1936年4月7日，鲁迅亲自到良友公司三楼编辑部，仔细研究每一幅画，共选出180余幅，并指定哪几幅应用三色版，哪几幅可缩小后容纳在一面上，大小与书的开本相差不大的，他主张尽量用原大出版。他还主张在每页下面说明原画的尺寸，并答应为画集撰写序言。

那时，鲁迅正在病中，身体虚弱，上下楼都气喘吁吁。后来病情加重，写字困难，到6月中旬，一度连每天必写的日记都停止了。但他坚持口述序言，由许广平笔录，践行了自己的诺言，由此也可见他对苏联版画的热情和对工作的认真。鲁迅的序文简明扼要，见解精辟，充满感情，让人感动。他认为，苏联版画给我们极好、极多的模范。

《苏联版画集》出版时，编辑者赵家璧特别撰写"谢言"，向鲁迅等三人致谢，他说："最后是鲁迅先生，他在二百余幅品质不同的出品里，替我们挑选了这里印出来的一百八十多幅，而且抱病写了一篇序文，没有他，这本画集是不会像现在这样精美完备的。"后来，赵家璧多次撰文回忆这一感人的故事和场景。《苏联版画集》出版仅三个月，鲁迅便与世长辞了。

1936年，鲁迅还编辑出版了《凯绥·珂勒惠支版画选集》。早在1931年9月20日，鲁迅就在《北斗》月刊的创刊号上，发表了珂勒惠支的木刻《牺牲》并撰写了说明。画上一位母亲举起双手，正悲哀地献出自己的儿子。这是鲁迅为纪念左联五烈士之一的柔石而发表的。柔石牺牲了，但他在老家的双目失明的老母亲并不知道，还一直以为自己的儿子在上海做翻译和校对呢。每念及此，鲁迅深感悲痛，便发表珂勒惠支的这幅版画作为纪念。这是对柔石的无言的纪念，也是对国民党屠杀者的愤怒的抗议。

凯绥·珂勒惠支（1867—1945）是德国版画家。1867年生于东普鲁士的哥尼斯堡（现俄罗斯的加里宁格勒）。在家乡、柏林和慕尼黑学画，后与医生珂勒惠支结婚。其丈夫住在贫民区，常为贫民治病，所以凯绥·珂勒惠支绘画的题材，也多为贫病与辛苦。

她最著名的作品是四组版画:《织工的反抗》《农民战争》《战争》和《无产阶级》。《牺牲》是木刻《战争》七幅中的第一幅,也是介绍到中国来的第一幅珂勒惠支的版画。那时正值欧洲大战,她的第二个儿子就死在战场上。她的画有悲哀,有愤怒,有强有力的、无不包容的母性,更有对于美好未来的追求和信仰。

鲁迅编辑出版的《凯绥·珂勒惠支版画选集》收入版画21幅,皆为石刻或铜刻。为保证质量,鲁迅在北平用珂罗版印画,在上海补印文字,然后装订成书。这是鲁迅抱病亲手编成的。那是他大病之后的7月,鲁迅冒着酷暑高温,与许广平几乎趴在地席上,一页一页地排次序,衬夹层。鲁迅撰写了《〈凯绥·珂勒惠支版画选集〉序目》,介绍了珂勒惠支的生平、作品和艺术特点,赞叹道:"只要一翻这集子,就知道她以深广的慈母之爱,为一切被侮辱和损害者悲哀,抗议,愤怒,斗争;所取的题材大抵是困苦,饥饿,流离,疾病,死亡,然而也有呼号,挣扎,联合和奋起。"

鲁迅为全部21幅画做了解说,语言朴素而深邃,表现了鲁迅对珂勒惠支作品的深刻理解,可称为图画解说与阐释的经典之作,发人深思。且看鲁迅为下面几幅版画所写的解说:

　　《突击》:工场的铁门早经锁闭,织工们却想用无力的手和可怜的武器,来破坏这铁门,或是飞起石子去。女人们在助战,用痉挛的手,从地上挖起石块来……

　　《磨镰刀》:这里就出现了饱尝苦楚的女人,她的壮大粗糙的手,用一块磨石,磨快大镰刀的刀锋,她那小小的两眼里,是充满着极顶的憎恶和愤怒。

鲁迅介绍或收藏的外国版画

《反抗》：谁都在草地上没命地向前，最先是少年，喝令的却是一个女人，从全体上洋溢着复仇的愤怒。她浑身是力，挥手顿足，不但令人看了就生勇往直前之心，还好象天上的云，也应声裂成片片。她的姿态，是所有名画中最有力量的女性的一个。

《俘虏》：画里是被捕的孑遗，有赤脚的，有穿木鞋的，都是强有力的汉子，但竟也有儿童，个个反缚两手，禁在绳圈里。他们的运命，是可想而知的了。但各人的神气，有已绝望的，有还是倔强而愤怒的，也有自在沉思的，却不见有什么萎靡或屈服。

其挚友许寿裳回忆道："说到这本选集，永远引起我的悲痛。记得廿五年（中华民国廿五年，即 1936 年）七月底，我从嘉兴回北平，道经上海，往访鲁迅，盘桓了一日。这时候，他大病初愈，选集初初印得，装订成册的还只有几本，他便挑选了一本赠我，亲手题几行小启，曰：'印造此书，自去年至今年，自病前到病后，手自经营，才得成就，持赠季市一册，以为纪念耳。'晚九时后，我将去上沪平夜车了，手执这本巨大宝贵的书，握手告别，又喜悦，又惆怅。景宋（即许广平）为我叫汽车，鲁迅送我到门口，还问我几时回南，哪里知道这便是永诀呢！痛哉！"[1]

举办木刻展览是鲁迅普及木刻知识、推动木刻发展的又一重要举措。展览会虽然受时间地点的限制，但能集中作品，集中宣

[1] 许寿裳.亡友鲁迅印象记［M］.武汉：长江文艺出版社，2019：37—38.

传，产生更大的社会影响。最难得的是展览会能展出原拓作品，尺幅较大，拓印精细入微，更有利于青年艺术学徒揣摩学习，是印刷品所无法比拟的。鲁迅在《介绍德国作家版画展》中特别指出，这次展出的作品，"共有百余幅之多，大者至二三尺，且都有作者亲笔的署名，和翻印的画片，简直有天渊之别，是很值得美术学生和爱好美术者的研究的"。鲁迅1935年1月18日给唐诃信中也说："德国版画，我早有二百余张，其中名作家之作亦不少，曾想选出其中之木刻六十幅，仿《引玉集》式付印，而原作皆大幅（大抵横约28cm，直40cm），缩小可惜，印得大一点，则成本太贵，印不起，所以一直搁到现在的。但我想，也只得缩小，所以今年也许印出来。"

鲁迅交游较广，又勤于搜集，因而收藏了大量的外国版画，除了德国版画，还有苏联原拓版画一百余幅，在当时无人能比。鲁迅在日本友人内山完造的帮助下先后三次在上海举办个人珍藏版画展览会：1930年10月，举办世界版画展览会，共展出苏、德等国作品70余幅；1933年10月，举办现代作家木刻展览会，展出作品64幅，其中苏联33幅，德国25幅，鲁迅先后两次亲赴展览会为木刻青年讲解作品；1933年12月，举办俄法书籍插画展览会，展出作品40幅，其中法国30幅是复制品，苏联10幅，全是木刻原版。另外，他还协助德国瀛寰图书公司举办德国版画展览会、协助苏联对外文化协会等举办苏联版画展览会。直到去世前两个月，鲁迅还对木刻青年说："版画的事情，说起来话长，最要紧的是绍介作品，你看珂勒惠支，多么大的气魄。我以为开这种作品的展览会，比开本国作品的展览会要紧。"[1]

鲁迅推崇外国木刻家的高超技法，并希望木刻青年向他们学习。但并不是全盘接受。他在介绍时有着严格的选择标准，即使是对他所介绍的作家和作品，也不是毫无保留。如对比亚兹莱和蕗谷虹儿的作品，鲁迅就有极为精辟的分析和批评。鲁迅最早将苏联版画家玛修丁及其作品介绍到中国来，后来，鲁迅又将他为契诃夫作品所作的木刻插图介绍过来。但鲁迅同时也指出他和欧美版画家创作时不太忠实于原著的缺点。鲁迅说："大致一看，动手就做，不必和本书一一相符，这是西洋的插画家很普遍的脾气。虽说'神似'比'形似'更高一著，但我总以为并非插图的正轨，中国的画家是用不着学他的——倘能'形神俱似'，不是比单纯的'形似'又更高一著么？"[2]

鲁迅对日本的浮世绘评价并不太高，但也肯定其艺术价值。留学日本时，鲁迅喜欢浮世绘大家葛饰北斋的作品，并买过他的不少画册。周作人说："日本木刻画本来精工，因为这是画工、刻工和印工三方面合作成功的，北斋又参加了一点西洋画法，所以更是比例匀称，显得有现代气息。这些修养，与他后来作木刻画运动也是很有关联的吧。"[3]鲁迅曾陆续购藏《浮世绘版画名作集》和《浮世绘大成》等多卷本画册。1928 年 3 月 31 日，鲁迅与许广平、周建人、柔石等在上海参观日本画家金子光晴的浮世绘展览会，并选购两张。1934 年 4 月 4 日，他在致木刻青年李桦的信中说：

［1］ 鲁迅全集 14［M］.124.

［2］ 鲁迅全集 10［M］.450.

［3］ 周作人.关于鲁迅［M］.乌鲁木齐：新疆人民出版社，1997：429.

"日本的黑白社，比先前沉寂了，他们早就退入风景及景物中，连古时候的'浮世绘'的精神，亦已消失。目下出版的只有玩具集，范围更加缩小了。"1935 年 2 月 4 日，他又致李桦信说："日本的浮世绘，何尝有什么大题目，但它的艺术价值却在的。"

鲁迅一生锐意搜求外国版画，作为中国新兴版画创作的借鉴。他或通过中外书店直接订购，或委托在国外学习、工作的朋友代购，先后搜集的外国版画原拓作品 2000 余幅。这些作品出自德国、苏联、法国、美国、日本等 16 个国家的 300 余位版画家。2014 年湖南美术出版社出版的《鲁迅藏外国版画全集》，不但囊括了鲁迅生前自费出版的九种外国版画集，而且包括了鲁迅去世后出版的《拈花集》，以及他所收藏而从未在我国面世的大量欧美、日本和苏联版画原拓。共分五卷，依次为：一、二，欧美版画卷；三，苏联版画卷；四、五，日本版画卷。

三、发掘传统版画

　　鲁迅主张，发展新兴木刻首先要向西方学习，介绍欧美的新作，同时，也要复印中国的古刻，学习中国优秀的版画传统。他说："采用外国的良规，加以发挥，使我们的作品更加丰满是一条路；择取中国的遗产，融合新机，使将来的作品别开生面也是一条路。"[1]

　　为此，他和郑振铎编辑出版了我国传统木刻的代表《北平笺谱》和《十竹斋笺谱》。

　　1932年冬，鲁迅回北平省亲，见到陈师曾和齐白石等人所画的诗笺，大为赞赏，认为其画法和刻印之法不仅超过清代，也在日本木刻专家之上，如加搜集，订成一书，不仅可作为文房清玩，也是中国木刻史上的一大纪念，还可供青年木刻工作者参考。于是，1933年2月5日，他致信居住北京、也喜欢搜集版画的老友郑振铎建议说："倘有人自备佳纸，向各纸铺择尤各印数十至一百幅，纸为书叶形，采色亦须更加浓厚，上加序目，订成一书，或先约同人，或成后售之好事，实不独为文房清玩，亦中国木刻史上之一大纪念耳。"

145

鲁迅与新兴版画

[1]　鲁迅全集6[M].50.

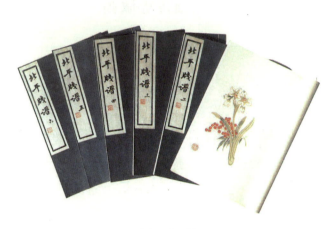

《北平笺谱》

《十竹斋笺谱》

这是鲁迅为编辑《北平笺谱》给郑振铎的第一封信。在此后一年的时间内，鲁迅与郑振铎往返书信四五十封，从访笺选笺，到选择纸张、编定目次、设计款式等，煞费苦心，精益求精，整整一年，终于完成这一"中国木刻史上断代之惟一丰碑"。[1]《北平笺谱》，内收人物、山水、花鸟笺332幅，6大册，可谓皇皇巨制。

　　鲁迅撰《北平笺谱序》云："宣统末，林琴南先生山水笺出，似为当代文人特作画笺之始，然未详。及中华民国立，义宁陈君师曾入北京，初为镌铜者作墨合，镇纸画稿，俾其雕镂；既成拓墨，雅趣盎然。不久复廓其技于笺纸，才华蓬勃，笔简意饶，且又顾及刻工省其奏刀之困，而诗笺乃开一新境。盖至是而画师梓人，神志暗会，同力合作，遂越前修矣。稍后有齐白石，吴待秋，陈半丁，王梦白诸君，皆画笺高手，而刻工亦足以副之。"鲁迅对此一时期的笺纸给予高度评价。但为了预防青年因此复古，忘记新兴木刻前进的大方向，鲁迅也不忘提醒青年："后有作者，必将别辟途径，力求新生。"

　　此后，鲁迅与郑振铎又计划出版丛书《版画丛刊》，介绍宋元明以来我国的优秀版画，以保存史料，供青年美术学生参考。他们选择翻印明末胡曰从编的《十竹斋笺谱》。郑振铎对胡曰从评价很高，认为："他把彩色套印的木刻版画，发展到最隽美的峰巅。他使用种种的方法，以衬托，表现画面的'美'，是一个前无古人，后启来者的大著作。鲁迅先生选择了胡氏的《十竹斋笺谱》来翻刻，是具有极深邃的艺术批评家的眼光的。"[2]

[1]　张泽贤.民国版画闻见录[M].上海：上海远东出版社，2006：10.
[2]　人民美术出版社编.学习鲁迅的美术思想[M].北京：人民美术出版社，1979：159.

但鲁迅在世时，此书只印成了第一本，而且第一卷虽标明1934年12月出版，实际印成已在1935年4月。等4卷全部出齐，已是1941年7月，那时，鲁迅去世已近五年了。

鲁迅很欣赏陈洪绶的作品，曾想翻印《陈老莲插画集》。陈洪绶，号老莲，明末著名人物画家，有《博古叶子》《水浒叶子》等。所谓叶子，是一种饮酒行令的酒牌。陈洪绶有意识地为木刻起稿，表现出他对版画的重视，也影响了一般画家对于版画创作的关心。《水浒叶子》是其晚年之作，刻画了40名梁山好汉的形象，表现了他们的英雄气概和反抗精神。画中运用锐利的方笔直拐，线条短促，清劲有力，转折与变化十分强烈，是版画中的精品，识者谓为三百年来无此笔墨。《水浒叶子》传颂一时，以致后世作者很难脱其范畴。

《博古叶子》也是陈洪绶晚年作品，它以历史人物故事为内容，一叶一事，从陶朱公至白圭，共48幅。鲁迅曾请好友许寿裳帮助商借《博古叶子》的善本。1934年6月24日致许寿裳云："有周子竞先生名仁，兄识其人否？因我们拟印《陈老莲插画集》，而《博古叶子》无佳本，蟫隐庐有石印本，然其底本甚劣。郑君振铎言曾见周先生藏有此画原刻，极想设法借照，郑重处理，负责归还。兄如识周先生，能为一商洽否？"后来，郑振铎借得此本，付故宫博物院影印，1936年印出样本，并寄给鲁迅。但直到1940年，才印入郑振铎编辑的《中国版画史图录》。

郑振铎本来就注意搜集我国古代版画，在鲁迅的影响下，更对中国古代版画进行了系统研究，于1940至1947年出版了规模宏大的《中国版画史图录》五辑二十册，共收录唐代至明清各类版画一千三百余幅，成为中国版画研究的里程碑式的成果。新中国成立后，郑振铎又编选《中国古代木刻画选集》，撰写《中国古代木刻画史略》，编辑《中国古代木刻画丛刊》，取得了新的卓越的成就。

　　鲁迅童年时，就非常喜爱《八戒招赘》《老鼠成亲》之类民间年画。后来，他希望青年版画家吸收中国民间木版年画的手法，创造中国民族化的新版画。在致木刻青年的信中，鲁迅说："河南门神一类的东西，先前我的家乡——绍兴——也有，也贴在橱门上墙壁上，……要为大众所懂得，爱看的木刻，我以为应该尽量采用其方法。"[1]"他们在过年时所选取的花纸（即年画）种类，是很可以参考的。"[2]鲁迅的这一主张后来得到不少青年版画家的实践。赖少其在抗日战争期间创作了套色木刻版画《抗战门神》，江丰和力群在延安创作了套色木刻版画《学文化》和《丰衣足食图》，都是吸收年画特色而创作的富有中国作风和中国气派的新版画。

　　1935年2月4日鲁迅致李桦信，比较全面地论述了版画创作如何继承民族传统的问题。他说："至于怎样的是中国精神，我实在不知道。就绘画而论，六朝以来，就大受印度美术的影响，无所谓国画了；元人的水墨山水，或者可以说是国粹，但这是不必复兴，而且即使复兴起来，也不会发展的。所以我的意思，是以为倘参酌汉代的石刻画像，明清的书籍插画，并且留心民间所赏玩的所谓'年画'，和欧洲的新法融合起来，许能够创出一种更好的版画。"

---

[1]　鲁迅全集 14［M］.405,406.

[2]　鲁迅全集 13［M］.351.

四、搜集碑刻拓片

鲁迅从小就对古代遗迹文物具有浓厚兴趣。1909 年从日本回国后，他又开始在绍兴搜集古物和碑拓。二弟周作人曾帮他搜集金石拓本，也收到一些金石实物。但真正潜心搜集研究碑刻拓片是到北京以后。

鲁迅在《〈呐喊〉自序》中写道：

> S 会馆里有三间屋，相传是往昔曾在院子里的槐树上缢死过一个女人的，现在槐树已经高不可攀了，而这屋还没有人住；许多年，我便寓在这屋里钞古碑。客中少有人来，古碑中也遇不到什么问题和主义，而我的生命却居然暗暗的消去了，这也就是我惟一的愿望。

这段令人印象深刻的叙述交代了鲁迅当年在北京绍兴会馆里抄古碑的情况，还有他那寂寞黯淡的心境。我们没有理由怀疑其真实性，但这带有艺术化的描写也容易让我们将问题简单化。实际上，鲁迅校古书、抄古碑虽有不得已而为之的因素，但并非完全出于消极被动。真正工作起来，鲁迅也还是乐在其中的。参加新文化运动后，鲁迅并未停止拓片收藏，直到三十年代，他仍托人拓碑。

从日本回国后，鲁迅历经辛亥革命、二次革命、袁世凯称帝，对时局深感失望。他无法从事思想革命和文艺运动，只好寻找另外的精神寄托。到北京后，他有了比较稳定的收入，具备了购买碑刻拓片的经济条件，还有几个志同道合的朋友，如许寿裳、陈师曾、钱稻孙等，可以切磋交流。况且，这些研究也与其工作有一定关系，教育部社会教育司第一科的职责之一就是研究和保护文物。

鲁迅当时居住在宣武门外的绍兴会馆，距琉璃厂一带的文物商店和文物市场很近，为他购买碑刻拓片提供了极为方便的条件。到北京的第一年，鲁迅主要搜集、购买历代文集和书画作品，纂辑古书。1914 年开始大量购买、研读佛经，用功很猛。1915 年转向搜集研究墓志、造像、金石拓本，购置十分丰富。这一工作持续时间较长，高潮在 1915 年到 1919 年。据鲁迅日记，从 1915 年开始，他频繁出入琉璃厂、小市等古玩商店和古玩市场搜购拓片，这一年共购得拓片 610 余张，1916 年 1110 余张，1917 年 1810 余张，1918 年 960 余张……此外，他还大量购买金石类书籍，如《金石萃编》《金石萃编校字记》《匋斋藏石记》等近百种，为日后读碑、录碑、校碑之用。

根据鲁迅日记和最了解当时情况的许寿裳、周作人回忆，住绍兴会馆时期，鲁迅经常去琉璃厂，有一段时间几乎隔一天去一次，有时也到各处地摊小市收集和购买石刻拓片，主要是汉魏六朝的画像石和墓志拓片。星期日，鲁迅大概每月有两次到琉璃厂去玩上半天，主要是买碑帖。店家拿出一堆拓本来，没有怎么整

鲁迅藏汉画像石拓片

理过的，什么都有，鲁迅便耐心地一张张打开来看，有要的就挑出搁在一旁。他搜集的造像和墓碑有些是前清达官端方所藏，非常珍贵。鲁迅日记1916年7月28日记载："往留黎厂买端氏臧石拓本一包，计汉、魏、六朝碑碣十四种十七枚，六朝墓志二十一种二十七枚，六朝造象四十种四十一种［枚］，总七十五种八十五枚，共直二十五元五角。"此后半月之内，鲁迅又两次收购端方所藏石刻造像拓本。与一般收藏者不同，鲁迅也有意搜集了一些赝品，以资比较鉴别。

在绍兴会馆里，鲁迅的几个书架和方桌都堆着已裱未裱的石刻拓本，各种印本的金石书、史书等。他下午四五点钟下班，晚上八九点钟开始工作，经常工作到下半夜。当时与他同住会馆的弟弟周作人回忆道："他抄了碑文，拿来和王兰泉的《金石萃编》对比，看出书上错误很多，于是他立意要来精密地写成一个可信的定本。他的方法是先用尺子量定了碑文的高广，共几行，每行几字，随后按字抄录下去，到了行末便画上一条横线，至于残缺的字，昔存今残，昔缺而今微存形影的，也都一一分别注明。从前吴山夫的《金石存》，魏稼孙的《绩语堂碑录》，大抵也用此法，鲁迅采用这些而更是精密，所以他所预定的自汉至唐的碑录如写成功，的确是一部标准的著作，就是现存已写的一部分我想也还极有价值。"[1]

他不仅抄碑、校碑，而且进行考证研究，如《〈徐法智墓志〉考》《〈郑季宣残碑〉考》《〈吕超墓志铭〉跋》和《〈大云寺弥勒重

[1] 周作人.关于鲁迅［M］.乌鲁木齐：新疆人民出版社，1997：178—179.

阁碑〉校记》等，研究得十分精细。

此时，鲁迅也注意到碑刻和文物中的美术，如画像石和土偶。他搜集了丰富的画像石拓片并进行研究，如整理《寰宇贞石图》并重新编目，撰写《嘉祥村画象》《嘉祥孙家庄画象》《射阳聚石门画象》《肥城孝堂山新出画象》的说明和《自绘明器略图题识》等。对此，其好友许寿裳给予很高的评价，他说："（鲁迅）搜集并研究汉魏六朝石刻，不但注意其文字，而且研究其画像和图案，是旧时代的考据家赏鉴家所未曾着手的。"他还回忆道，鲁迅曾说："汉画像的图案，美妙无伦，为日本艺术家所采取。即使是一鳞一爪，已被西洋名家交口赞许，说日本的图案如何了不得，了不得，而不知其渊源固出于我国的汉画呢。"[1]1926年10月，鲁迅曾在厦门大学举办过一个小型石刻拓片展览。1927年11月，鲁迅曾拿出所藏部分画像石拓片供前来拜访的陶元庆和钱君匋欣赏学习，对他们后来的封面设计多有启发。鲁迅自己也在封面设计中借鉴了画像石的图案和技法。

鲁迅也喜欢搜集金石实物，如古钱、土偶、墓砖、石刻小佛像等，价格不贵，只是看了喜欢，说不到收藏。但他却能从中抉发重要的文化信息，阐发重要的思想观点。如他在杂文《看镜有感》中说，因为翻衣箱，翻出几面汉代的铜镜来，上面刻了西域的葡萄，便由此想到"海马葡萄镜"，想到当时器物上的各种外来物品如海马、葡萄之类，并议论道："遥想汉人多少闳放，新来的动植物，即毫不拘忌，来充装饰的花纹。""汉唐虽也有边患，但

[1] 许寿裳.亡友鲁迅印象记[M].武汉：长江文艺出版社，2019：37.

魄力究竟雄大，人民具有不至于为异族奴隶的自信心，或者竟毫未想到，绝不介怀。"在《小品文的危机》中，可以看到鲁迅对"小摆设"的熟悉，如小小的镜屏、玲珑剔透的石块、竹根刻成的人像、古玉雕出的动物、锈得发绿的铜铸的三脚癞蛤蟆等，但鲁迅并不欣赏这些，而是坚决反对的。因为在风沙扑面的时代，需要的不是文人士大夫的清玩，而是战斗的匕首和投枪。

1918 年 5 月参加新文化运动后，鲁迅开始将主要精力转向新文学创作与翻译。从 1920 年开始，拓片购置明显减少，但仍有相当的数量，一直持续到 1924 年。1925 年后，就只有零星购置了。

1930 年以后，因指导木刻青年的需要，鲁迅又开始搜集石刻画像拓片，如武梁祠画像、孝堂山画像、朱鲔石室画像，他希望能搜集到较好的拓本或凑齐某套拓本。如他告诉友人，自己有两套"朱鲔石室画像"，还不全，如碑帖店有，请他代为购买，也许可以凑成全图。他特别看重南阳石刻画像，多次委托好友王冶秋、台静农等代他找人拓印。当他收到寄来的数十张精拓的南阳石刻后，非常高兴，马上给台静农写信说："南阳杨君，已寄拓本六十五幅来，纸墨俱佳，大约此后尚有续寄。将来如有暇豫，当并旧藏选印也。"[1] 鲁迅先后搜集到南阳画像石拓片共计 231 张（幅）。

鲁迅认为，汉画像可供青年艺术学徒参考之处，至少有两个方面：

一是可以通过画像石了解当时具体的历史生活场景，以免他

[1] 鲁迅全集 13［M］.607.

们以意为之，出现历史性错误。如 1934 年，青年画家姚克向鲁迅询问秦代生活情形，鲁迅向他推荐看汉代石刻之"武梁祠画像"。他认为，看图画的描绘，总比看书里的文字来的清楚。如从石刻中，我们可以知道古代的游猎、车马、宴会、战斗、刑戮和神话等。"汉时习俗，实与秦无大异，循览之后，颇能得其仿佛也。"[1]后来，他又致姚克信说："先生见过玻璃版印之李毅士教授之《长恨歌画意》没有？今似已三版，然其中之人物庙宇器物，实乃广东饭馆与'梅郎'之流耳，何怪西洋人画数千年之中国人，就已有了辫子，而且身穿马蹄袖袍子乎。绍介古代人物画之事，可见也不可缓。"[2]《长恨歌画意》是李毅士 1927 年根据唐代诗人白居易的《长恨歌》所创作的大型连环画，共 30 幅，叙述了唐玄宗和杨贵妃的爱情悲剧，在当时影响较大。鲁迅从历史细节的真实性方面提出了不同意见。

二是可以学习民族绘画技巧。鲁迅在指导青年美术家借鉴民族传统时，曾经说："惟汉代石刻，气魄深沈雄大，唐人线画，流动如生，倘取入木刻，或可另辟一境界也。"[3]

鲁迅一直想编辑出版自己多年来搜集的汉画像拓片，还进行了初步整理，编辑了造像目录，如《汉画象考》《六朝造象目录》等。特别是 1934 和 1935 两年，曾多次与友人提及，还设想过两种编选方案：或全印，或选印。1935 年 11 月 15 日致台静农："我陆续曾收得汉石画象一箧，初拟全印，不问完或残，使其如图目，

156
鲁迅的美术世界

[1] 鲁迅全集 13 [M] .23.

[2] 鲁迅全集 13 [M] .48.

[3] 鲁迅全集 13 [M] .539.

分类为：一，摩厓；二，阙，门；三，石室，堂；四，残杂（此类最多）。材料不完，印工亦浩大，遂止；……后又欲选其关于神话及当时生活状态，而刻画又较明晰者，为选集，但亦未实行。"

此时，鲁迅已经常生病，身体大不如前，但一旦看到有价值的拓片，他又割舍不下，跃跃欲试。在去世前两个月，他还给南阳拓碑人写信说："桥基石刻，亦切望于水消后拓出，迟故无妨也。"[1]但随着鲁迅去世，这一切成了永久的遗憾。

据统计，鲁迅生前搜购金石拓本5100余种、6000余张，大略可分为刻石类，包括碑碣、汉画像、摩崖、造像、墓志、阙、经幢、买地券等；吉金类，包括钟鼎、铜镜、古钱等；陶文类，包括古砖、瓦当、砚、印等。

新中国成立后，鲁迅的收藏得以陆续出版，主要有《俟堂专文杂集》《鲁迅藏汉画象》《鲁迅辑校石刻手稿》和《鲁迅藏拓本全集》。《鲁迅藏拓本全集》是一套收录鲁迅生前所藏历代拓本的大型系列丛书，分为鲁迅藏汉画像拓本、碑刻拓本、墓志拓本、瓦当拓本、造像记拓本以及砖刻拓本等12卷。目前已出版《汉画像卷》《砖文卷》和《瓦当卷》。

---

[1] 鲁迅全集14 [M].128.

五、扶持木刻青年

鲁迅一生坚持思想启蒙，提倡战斗的现实主义艺术，悉心指导木刻青年，为新兴木刻的发展指明了方向。

现存鲁迅书信中，有二百余封是与木刻青年的通信。这些指导，从美术思想、题材选择到基本功训练、作品构图、木刻技法、细节处理，可谓无所不包。

关于题材，鲁迅认为最好当然是表现革命的旋涡中心，但若不在中心，也不必强求，表现平常的社会状态也好。1935 年 2 月 4 日他致李桦信说："所以我的意见，以为一个艺术家，只要表现他所经验的就好了，当然，书斋外面是应该走出去的，倘不在什么旋涡中，那么，只表现些所见的平常的社会状态也好。"

1935 年 6 月 16 日又致李桦："《现代木刻》的缺点，我以为选得欠精，但这或者和出得太多有关系。还有，题材的范围太狭。譬如静物，现在有些作家也反对的，但其实是那'物'就大可变革。刀枪锄斧，都可以作静物刻，草根树皮，也可以作静物刻，则神采就和古之静物，大不相同了。"

鲁迅很重视地方色彩。1933 年 12 月 26 日鲁迅致罗清桢信说："竭力使人物显出中国人的特色来，使观者一看就知道是中国人和中国事。""地方色彩，也能增画的美和力，自己生长其地，看惯了，或者不觉得什么，但在别的地方人看起来，是觉得非常开阔眼界，增加知识的。"

素描速写是绘画艺术的基本功，缺少基本功，艺术创作便不能得心应手。当时不少木刻青年缺乏素描基本功训练，造型能力比较薄弱，表现于作品中，便是不能准确刻画形象，表达感情。鉴于这种状况，鲁迅在与木刻青年的通信中，反复强调刻画人物的基本功的重要性。他说：

"中国自然最需要刻人物和故事，但我看木刻的成绩，这一门最坏，这就因为蔑视技术，缺少基础功夫之故，这样下去，木刻的发展倒要受害的。"[1]

"据我看来，现在中国的木刻家，最不擅长的是木刻人物，其病根就是缺少基础功夫之故。因为木刻究竟是绘画，所以先要学好素描；此外，远近法的紧要不必说了，还有要紧的是明暗法。木刻只有白黑二色，光线一错，就一塌糊涂。现在常有学麦绥莱尔的，但你看，麦的明暗，是多么清楚。"[2]

"至于人物，则一者因为基本练习不够，因此往往不像真或不生动，二者还是为了和他们的生活离开，不明底细。试看凡有木刻的人物，即使是群像，也都是极简单的，就为此。要纠正这缺点，我看一是要练习素描，二是要随时观察一切。"[3]

"较好者则好大喜功，喜看'未来派''立方派'作品，而不肯作正正经经的画，刻苦用功。人面必歪，脸色多绿，然不能作

---

[1] 鲁迅全集 13 [M].482—483.

[2] 鲁迅全集 14 [M].61.

[3] 鲁迅全集 13 [M].351.

陈铁耕版画作品《母与子》

罗清桢版画作品《韩江舟子》

一不歪之人面，所以其实是能作大幅油画，却不能作'末技'之插画的。"[1]

鲁迅对于木刻青年创作的指导细致周到，不厌其烦，既有坦率的批评，更有热情的鼓励与支持。

1934年2月26日致罗清桢："《韩江舟子》的风景，极妙，惜拉纤者与船，不能同时表出，须阅者想象，倘将人物布置得远些，而亦同时看见所拉之船，那就一目了然了。"

陈烟桥与鲁迅交往较早。1930年10月初，陈烟桥与鲁迅相见。此后与鲁迅联系频繁。从1932年到1936年鲁迅逝世，他与鲁迅通信20余封，寄作品请鲁迅指教，鲁迅也多次回信提出自己的意见。

鲁迅1934年3月28日致陈烟桥："我看先生的木刻，黑白对比的力量，已经很能运用的了，一面最好是更仔细的观察实状、实物，还有古今的名画，也有可以采取的地方，都要随时留心，不可放过。"

1934年4月5日致陈烟桥："鼓吹木刻，我想最好是出一种季刊，不得已，则出半年刊或不定期刊，每期严选木刻二十幅，印一百本……"又说："《汽笛响了》，那是开工的时候，为什么烟通上没有烟呢？又，刻劳动者而头小臂粗，务须十分留心，勿使看者有'畸形'之感，一有，便成为讽刺他只有暴力而无智识了。"

1934年4月23日致陈烟桥："这回似乎比较合理，但我以为烟还太小，不如索性加大，直连顶颠，而连黑边也不留，则恐怕

[1] 鲁迅全集13[M].75.

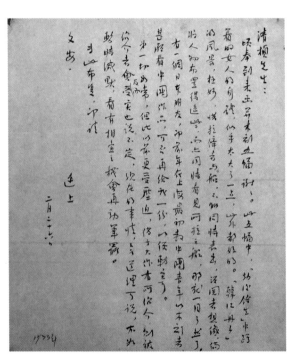

鲁迅致青年木刻家罗清桢的信

还要有力。不知先生以为怎样？"

赖少其1934年底与鲁迅建立通信关系。他第一次寄给鲁迅的作品是自己创作的手印配诗木刻集《诗与版画》，以后还寄过文学习作和木刻作品。鲁迅对赖少其的书籍装帧、木刻小品很感兴趣，1935年1月18日鲁迅复信赖少其说："小品，如《比美》之类，虽然不过是小品，但我觉得幅幅都刻得好，很可爱的，用版画装饰书籍，将来也一定成为必要。我希望仍旧不要放弃。"

鲁迅非常赞赏李桦创作的《春郊小景集》。《春郊小景集》共收木刻作品18幅，全部手印原拓，保持了完整的刀刻风味。1935年5月出版，作品全部为风景小品，有新绿、小鸟、蝶恋花、丽日、桥、踏青人、早春、青山、紫藤、山居、泉石、细雨、小舟、菜圃、浮云、柳、梅林和村景，其中三分之一是套色木刻。

1934年12月18日，鲁迅致李桦信说："先生的木刻的成绩，我以为极好，最好的要推《春郊小景》，足够与日本现代有名的木刻家争先……"

1935年2月4日，鲁迅又致李桦信说："我看先生的作品，总觉得《春郊小景集》和《罗浮集》最好，恐怕是为宋元以来的文人的山水画所涵养的结果吧。"

鲁迅对新兴木刻的支持有时具体到了我们难以想象的程度。1931年8月19日，在举办木刻讲习会期间，鲁迅将有关版画的书籍八本赠上海一八艺社木刻部；鲁迅几乎每次参观青年们的木刻展览，都要捐款、买画，鼓励支持木刻青年，这在鲁迅日记中都有清楚的记载；为了给艺术学徒提供高质量的学习范本，他出画集时就考虑出精印本，但考虑到青年的经济承受能力，又想出廉价本，甚至在画册后注明"有人翻印，功德无量"；他经常把自己编辑的画册无偿赠送给有志艺术而家境贫寒的青年。当他把精印的《死魂灵百图》赠给木刻青年曹白时，特别声明："我并不是对于您特别馈赠，凡是为中国大众工作的，倘我力所及，我总希望能够（并非为了个人）略有帮助。这是我常常自己印书的原因。因为书局印的，都偷工减料，不能作为学习的范本。"他同时表示，还要将精印的《凯绥·珂勒惠支版画选集》赠曹白一本。[1] 1934年冬，左翼作家叶紫完成了短篇小说集《丰收》，由鲁迅作序，准备出版。鲁迅介绍叶紫找青年木刻家黄新波刻插图，但他们都没有钱买木板，后来鲁迅先生拿出五元钱，才买了木板，刻了十二幅插图。鲁迅对这些插图给予较高的评价，认为其中有几幅刻得很好。

鲁迅积极推动中国现代木刻走向世界。他曾亲自写信向苏联木刻家介绍中国新兴木刻的发展情况，请德国木刻家对中国新兴木刻作品提出批评意见。1933年12月，一位法国进步记者绮达·谭丽德要收集中国左翼美术家的绘画往巴黎和苏联展览，托鲁迅和宋庆龄代为设法。鲁迅先后几次给青年木刻家写信征集木刻作品，亲自挑选作品，并为选送法国展览的木刻作品拟写题目，撰写说明，制作目录，最后亲自将50余幅木刻作品寄给谭丽德。

1934年3月，鲁迅和宋庆龄搜集的木刻和绘画作品共计78幅以"革命的中国之新艺术展览"为题在法国巴黎展出，法国的《人道报》和《华侨导报》等曾予以报道和赞扬，当时的革命作家

---

[1] 鲁迅全集 14 [M].121—122.

和艺术家协会为展览会撰写了前言。之后，这些展品又去苏联展览，产生了良好的国际影响。这是我国新兴木刻第一次出国展出，鲁迅于6月20日夜写信给陈烟桥说："一个美国人告诉我，他从一个德国人听来，我们的绘画及木刻，在巴黎展览，很成功；又从一苏联人听来，这些作品，又在莫斯科展览，评论很好云云。"信中提到的美国人即史沫特莱。鲁迅后来还欣喜地说："仗着作者历来的努力和作品的日见其优良，现在不但已得到中国读者的同情，并且也渐渐的到了跨出世界上去的第一步。"[1]

1934年，鲁迅编辑出版了青年木刻家的作品集《木刻纪程》。这是我国出版的第一本中国现代木刻选集，收录何白涛、李雾城（陈烟桥）、一工（黄新波）、陈铁耕、陈普之、张致平（张望）、刘岘、罗清桢等8位作者的木刻作品24幅。鲁迅作《小引》，回顾了中国现代新兴木刻的历史，肯定其努力和成绩，指出其缺点和不足，同时也提出了殷切的希望。后来，鲁迅颇为自豪地说："这一本《木刻纪程》，其实是收集了近二年中所得的木刻印成的，比起历史较久的油画之类，成绩的确不算坏。"[2]

《木刻创作法》是白危编译的木刻入门书，自始至终得到鲁迅的鼓励和支持，由鲁迅校阅并作序，1934年编好，直到鲁迅去世后的1937年1月才由上海读书生活出版社出版，封面用鲁迅去世前11天参加全国木刻展览会时与木刻青年的合影。鲁迅还为刘岘（王慎思）和黄新波（一工）的《无名木刻集》作序。他还经常将青年作者的木刻介绍到刊物上发表。

[1] 鲁迅全集6[M].49.
[2] 鲁迅全集13[M].239.

1936 年 10 月 8 日，鲁迅参观"中华全国木刻第二回流动展览会"，并与青年木刻家们座谈，时距逝世 11 天

1935 年 1 月，全国木刻联合展览会先后在北平、济南、上海等地展出。展览后选出作品 40 余幅，准备出一本《全国木刻联合展览会专辑》，鲁迅为其作序。这本书后来因主持者参加一二九运动被捕、作品失散而未能问世。但鲁迅所写的序言却保留了下来，成为这次展览的唯一的纪念。鲁迅在序言中精辟阐明了新兴木刻在我国美术史上的划时代意义，认为"它所表现的是艺术学徒的热情，因而也常常是现代社会的魂魄"，并预言了它的光明前景："这选集，是聚全国出品的精粹的第一本。但这是开始，不是成功，是几个前哨的进行，愿此后更有无尽的旌旗蔽空的大队。"[1]

　　1936 年 3 月，"全国木刻联合展览会"改名为"全国木刻流动展览会"，拟每年举行一次。

　　1936 年 7 月 5 日，第二回全国木刻流动展览会在广州开幕，展出作品 590 幅。8 月巡回至杭州，10 月 2 日移展于上海八仙桥青年会。当时，鲁迅的病情已非常严重，开始他表示不能参加了。但到了 10 月 8 日，这是展览的最后一天，鲁迅强支病体前往参观，并与青年木刻家陈烟桥、黄新波、曹白等进行了广泛的交流。他希望木刻青年加强人物素描训练，增加社会阅历，勤于观察，等等。当时，青年摄影家沙飞悄悄为鲁迅拍摄了一组照片。这是鲁迅生前留下的最后的照片。鲁迅与几位青年木刻家围坐交谈的场景，成为鲁迅关心支持中国现代新兴木刻的永恒的记忆。

　　10 月 19 日鲁迅溘然长逝。惊闻噩耗的青年美术家、木刻家力群、曹白、陈烟桥、许幸之、黄新波、司徒乔等，纷纷赶往鲁

---

[1]　鲁迅全集 6［M］.351.

迅寓所和万国殡仪馆吊唁、祭拜，并为鲁迅画下最后的面影。他们还纷纷撰写纪念文章，表达对鲁迅的深切哀思和崇高敬意。陈烟桥说："鲁迅先生是中国新兴木刻之父，没有他，中国的新兴木刻是不会出现的。"[1]直到多年以后，青年木刻家唐英伟仍沉痛地说："从此以后，再没有一个像慈父一样的导师来领导了，再不能得到鲁迅先生的通信的教诲了，这是一件多么巨大的损失啊！"[2]

1939 年 12 月，许广平在《鲁迅与中国木刻运动》写道："鲁迅先生对于中国的木刻界是一手扶植，爱护备至的。他那些给木刻研究者的一批批通信，似严师，像慈父，真是如闻其声，如见其人，所以许多散处各方的青年，无间远迩，都来请教，他不啬在家里开了一个义务的木刻函授学校，而且是不定期限的，又不时把木刻创作给介绍到刊物上，还极力设法把它介绍到苏联等国展览，更替他们编定《木刻纪程》，自己亲手印出样本拿去付印，以至成书，都不辞劳瘁地用心去干。这精神给一般人印象之深，直至他死了，哭得最伤恸的，是木刻诸君子，真是有动于中，情不自禁的。"[3]

据统计，鲁迅先后和十多个木刻社团保持联系，和四五十位木刻青年通信。我国早期的木刻团体如一八艺社、MK 木刻研究会、无名木刻社、现代版画会和第一代木刻家江丰、李桦、胡一川、陈烟桥、陈铁耕、黄新波、罗清桢、刘岘、野夫、何白涛、张望、

[1] 陈超南，陈伟南主编.陈烟桥纪念文集[M].上海：上海社会科学院出版社，2012：128.

[2] 唐英伟.中国现代木刻史[M].中国木刻用品合作工厂，1944：24.

[3] 人民美术出版社编.回忆鲁迅的美术活动[C].北京：人民美术出版社，1979：14.

赖少其、曹白、力群等，无不得到鲁迅的指导和帮助。木刻青年们每有新作，木刻社团每有专集和期刊，大都寄给鲁迅，请求指导或推荐发表。这些作品很多是原拓，极其珍贵。

鲁迅对木刻青年的作品极为珍视，精心保存，他是我国新兴木刻最大的收藏家。1981年，在纪念鲁迅先生100周年诞辰之际，上海人民美术出版社出版了《中国新兴版画五十年选集》（上下集）。1991年，在纪念鲁迅先生110周年诞辰之际，上海鲁迅纪念馆和江苏古籍出版社联合推出了《版画纪程·鲁迅藏中国现代木刻全集》共五册，16开，1737页，收录鲁迅收藏的中国现代木刻作品1700余幅。有人估计，这一时期版画创作的总量大约在5000幅左右，鲁迅的木刻藏品大约占当时木刻创作总量的三分之一左右。[1]其中有曹白的《鲁迅像》、李桦的《怒吼吧中国》、张慧的《船夫》、江丰的《码头工人》、力群的《采叶》以及徐诗荃的《鲁迅像》等诸多优秀作品。

后来，这批年轻的木刻家没有辜负鲁迅的希望，他们按照鲁迅所指引的方向继续前进，成为四十年代和新中国初期我国版画界、美术界的中坚力量，有的在改革开放后依然十分活跃，创造了新的辉煌。

---

[1] 李允经.中国现代版画艺术里程碑[J].鲁迅研究月刊，1992（3）.

「全国木刻联合展览会专辑」序

木刻的图画，原是中国早先就有的东西。唐末的佛像，纸牌，以至后来的小说绣像，启蒙小图，我们至今还能够看见实物。而且由此明白，它本来就是大众的，也就是俗人的。明人曾用之于诗笺，近乎雅化，然而绣像却是有文人学士在地会神工用大笔一挥，澄明了这其实不过浅陋。

近五年来奋发起来的木刻，雅似不能和古文化无图，但法不是舞中枝节，换了新题。地也是深意和社会大家的内心的一致的要求，而以信有名于青年们的一副做事却戕牌木板，便销其象提起，此运蓬勃动。地而表现的是艺将学徒的热诚，同而也素要是现代社会的魂魄，要该其在，说地，雅，图如，但招为俗。却又到手不缩，遂之言，有木刻了。

这就是何以图新兴木刻的缘故，也是两以为大众所支持的原因。血脉相连，当

－109－

鲁迅《〈全国木刻联合展览会专辑〉序》手迹

第五章 美术视野中的鲁迅

文学与美术都是艺术地把握世界的方式，二者有着天然的联系。对于同时喜欢文学与美术，又同时从事这两种活动的鲁迅来说，二者更是相辅相成，相互促进。由于对中国新文化的伟大贡献和巨大影响，鲁迅及其作品也成为众多画家竞相进行艺术创作的对象，并涌现出一批以描绘鲁迅及其作品而著称的画家，成为画坛、文坛和鲁迅美术世界中一道独特而瑰丽的风景。

一、美术对鲁迅文学的影响

（一）白描和"画眼睛"

鲁迅在《我怎么做起小说来》中说："我的取材，多采自病态社会的不幸的人们中，意思是在揭出病苦，引起疗救的注意。所以我力避行文的唠叨，只要觉得够将意思传给别人了，就宁可什么陪衬拖带也没有。中国旧戏上，没有背景，新年卖给孩子看的花纸上，只有主要的几个人（但现在的花纸却多有背景了），我深信对于我的目的，这方法是适宜的，所以我不去描写风月，对话也决不说到一大篇。"

我国的旧戏，以叙述故事、描写人物命运为主线，舞台简单，没有背景，或只有极简单的布景，环境往往是通过人物的活动和表演展现出来，具有明显的虚拟性。如拿马鞭上场表示骑马，拿马鞭在舞台上跑一圈表示战场，拿船桨在舞台上划动表示在水上划船，舞台也就成了水面，用手做开门的动作表示前面有门，向前迈一步便表示到了屋外或院外，等等，舞台实际上没马、没水、没船，也没有门。"花纸"就是年画。鲁迅对美术的最早印象就是贴在床头上的年画《老鼠成亲》和《八戒招赘》，只有几个主要角色，几乎没有背景。这种简洁传神的艺术手法就是"白描"。鲁迅早年影描的小说绣像，都用白描手法。

白描本是中国画技法，指单用墨线勾画形象而不施色彩。后被借用为文学表现手法之一，主要指用简练朴素的语言，描绘出鲜明生动的形象，不重藻饰与渲染。白描是我国传统绘画和文学中的基本表现手法。我国古代画家吴道子、李公麟、陈洪绶等均擅此道，我国古代的画谱和绣像大都采用这一方法，我国古典小说《三国演义》《水浒传》中的白描手法更是比比皆是。

鲁迅在文学创作中成功借鉴了这一手法，用简练传神的笔法描写人物的言行，表现人物的主要性格特征和精神面貌，很少描写环境，对话也非常简练。

关于白描，鲁迅总结道："'白描'却并没有秘诀。如果要说有，也不过是和障眼法反一调：有真意，去粉饰，少做作，勿卖弄而已。"[1]

鲁迅还说："忘记是谁说的了，总之是，要极省俭的画出一个人的特点，最好是画他的眼睛。我以为这话是极对的，倘若画了全副的头发，即使细得逼真，也毫无意思。"[2]据《世说新语》记载，我国东晋大画家顾恺之画人，或数年不点睛。人问其故。顾曰："四体妍蚩本无关于妙处，传神写照正在阿堵中。""阿堵"即"这个"，此处指"眼睛"。鲁迅的"画眼睛"即来源于此。

鲁迅"画眼睛"的典范是在其短篇小说《祝福》中对祥林嫂眼睛的几次刻画。当祥林嫂第一次出现在鲁镇时，她刚刚死了丈夫，"年纪大约二十六七，脸色青黄，但两颊却还是红的"；到鲁四老爷家后，虽然工作很累，她反而很满足，"口角边渐渐的有了

---

[1] 鲁迅全集 4［M］.631.

[2] 鲁迅全集 4［M］.527.

笑影，脸上也白胖了"；被迫改嫁，再次失去丈夫和儿子，第二次到鲁镇后，她"脸色青黄，只是两颊上已经消失了血色，顺着眼，眼角上带些泪痕，眼光也没有先前那样精神了"；在人们一次次的冷淡和嘲笑中，她的眼睛从"没有神采"，"直着眼睛"，到"两眼上便都围着大黑圈"，最后是："五年前的花白的头发，即今已经全白，全不像四十上下的人；脸上瘦削不堪，黄中带黑，而且消尽了先前悲哀的神色，仿佛是木刻似的；只有那眼珠间或一轮，还可以表示她是一个活物。她一手提着竹篮。内中一个破碗，空的；一手拄着一支比她更长的竹竿，下端开了裂：她分明已经纯乎是一个乞丐了。"

鲁迅通过对祥林嫂眼睛变化的描写，生动深刻地表现了一个处于社会底层的妇女，一步步沦落、灭亡的过程，揭露了社会的麻木、隔膜、残忍，力图起到唤醒民众、启蒙社会的作用。

当然，所谓"画眼睛"也是个比喻性的说法，它并不仅仅局限于对眼睛的刻画，而是有更普遍的意义，指对最能传神的人物细节的把握和刻画。鲁迅几乎所有的小说都用白描手法，他的散文和杂文也多用白描手法，很少浓墨重彩，更没有长篇对话和长篇心理描写。它简练含蓄，充满张力，是鲁迅对白描和画眼睛的继承、丰富和发展。

（二）"杂取种种人，合成一个"

这是鲁迅所用的典型化的方法，也受到绘画的启发。他说："作家的取人为模特，有两法。一是专用一个人，言谈举动，不必说了，连细微的癖性，衣服的式样，也不加改变。这比较的易于描写……二是杂取种种人，合成一个，从和作者相关的人们里去找，是不能发见切合的了。但因为'杂取种种人'，一部分相象的人也就更其多数，更能招致广大的惶怒。我是一向取后法的。……这方法也和中国人的习惯相合，例如画家的画人物，也是静观默察，烂熟于心，然后凝神结想，一挥而就。"[1]

对于后一法，鲁迅有更具体的阐述。他说："人物的模特儿也一样，没有专用过一个人，往往嘴在浙江，脸在北京，衣服在山西，是一个拼凑起来的脚色。"[2]

鲁迅作品中的几个著名的典型人物如狂人、孔乙己、阿Q、祥林嫂等，都是用这样的方法创造出来的。鲁迅的二弟周作人在《鲁迅小说中的人物》中有比较细致的考察。如阿Q这一形象就集中了鲁迅认识的一位流浪汉阿桂、鲁迅本家的桐城少爷和鲁迅日常观察的中国人思想言行中的某些"劣根性"糅合而成的。

（三）讽刺小说与漫画

鲁迅认为，如果一个作者，用了精炼的，或者简直有些夸张的笔墨写出或一群人的或一面的真实来，就是讽刺。鲁迅的讽刺小说在相当程度上得益于鲁迅对漫画艺术的借鉴。他说："漫画要使人一目了然，所以那最普通的方法是'夸张'，但又不是胡闹。无缘无故的将所攻击或暴露的对象画作一头驴，恰如拍马家将所拍的对象做成一个神一样，是毫没有效果的，假如那对象其实并无驴气息或神气息。然而如果真有些驴气息，那就糟了，从此之后，越看想像，比读一本做得很厚的传记还明白。"[3]

[1] 鲁迅全集6[M].537—538.

[2] 鲁迅全集4[M].527.

[3] 鲁迅全集6[M].241—242.

二十世纪三十年代，鲁迅曾翻译了契诃夫的《坏孩子和别的奇闻》，共八篇小说，是其早年之作，作者自以为是"小笑话"，但鲁迅认为其中没有一篇是可以一笑了之的，总要留下些问题。鲁迅这样介绍《假病人》《簿记课副手日记抄》和《那是她》："第一篇绍介的是一穷一富，一厚道一狡猾的贵族；第二篇是已经爬到极顶和日夜在想爬上去的雇员；第三篇是圆滑的行伍出身的老绅士和爱听艳闻的小姐。字数虽少，脚色却都活画出来了。"[1]

鲁迅还翻译了高尔基的《俄罗斯的童话》共 16 篇，每篇独立，虽说是童话，其实是从各方面描写俄罗斯国民的种种相，并非写给孩子们看的。鲁迅说："短短的十六篇，用漫画的笔法，写出了老俄国人的生态和病情，但又不只写出了老俄国人，所以这作品是世界的；就是我们中国人看起来，也往往会觉得他好像讲着周围的人物，或者简直自己的顶门上给扎了一大针。但是，要全愈的病人不辞热痛的针灸，要上进的读者也决不怕恶辣的书。"[2]

鲁迅正处于我国从古代到现代的转型阶段，形形色色的人事纷然杂陈，为讽刺艺术的产生提供了适宜的土壤。鲁迅是中国现代讽刺小说大家，他的《阿 Q 正传》《高老夫子》《肥皂》《离婚》以及《故事新编》中的大部分小说都是杰出的讽刺文学，其中对假道学、伪君子和腐朽人物的讽刺深刻犀利，入木三分；对阿 Q 的讽刺又带有深刻的同情，所谓"哀其不幸，怒其不争"；《故事新编》中《奔月》《理水》《出关》《起死》等古今交融，借古讽今，又兼有滑稽的风格。

---

[1] 鲁迅全集 10 [M] .448.

[2] 鲁迅全集 8 [M] .515.

（四）《野草》与表现主义绘画

表现主义是西方现代重要的艺术流派之一，二十世纪初最先兴盛于德国绘画界，后来发展到音乐、诗歌、小说、戏剧、电影、建筑等领域，发展到奥地利、法国、挪威、瑞典和俄罗斯等国家。表现主义艺术家反对客观描写，着重自我表现，通过对现实的扭曲变形表现内心骚动不安、战栗绝望的狂暴激情。

二十年代中期，正是鲁迅最矛盾、最痛苦，思想斗争最激烈的时期，这些矛盾集中反映在散文诗集《野草》和小说集《彷徨》中。鲁迅艺术性格中的对立两极都发展得非常充分：一面是极冷静的客观性，一面是极热烈的主观性。这就决定了鲁迅既能接受现实主义，又能接受表现主义。鲁迅早年喜爱并翻译了俄国作家安德烈夫、阿尔志跋绥夫和迦尔洵的小说，这三位作家的作品兼具现实主义、象征主义和表现主义风格，主观色彩极为强烈。鲁迅翻译的日本文艺理论家厨川白村的《苦闷的象征》和《出了象牙之塔》，虽提倡广义的象征主义，但表现主义倾向也非常突出。

鲁迅非常喜欢表现主义画家凡·高、蒙克、格罗斯和凯绥·珂勒惠支，与他们产生了强烈的精神共鸣。早在 1912 年 8 月 16 日，鲁迅就托当时在日本的周作人购买德文本的《凡·高书信集》。1927 年到上海后，鲁迅又集中购买过凡·高的画册和有关书籍，如 1930 年 10 月 19 日得徐诗荃寄《文森特·凡·高画帖》，1931 年 4 月 11 日去内山书店买《凡·高画集》，7 月 25 日得丸善书店寄来的《文森特·凡·高》，1933 年 5 月至 10 月，先后四次去内山书店购买了《凡·高大画集》四册。他还购置了许多有关表现主义的外文专著，翻译了日本学者介绍表现主义的两篇论文。其中片山孤村的《表现主义》一文篇幅不长，言简意赅，比较全面地介绍了表现主义的起源、特征、艺术观及其在美术和文学上的表现。作者认为，表现主义推崇自我、个性、主观，反对绘画中的印象主义，不甘于自然或印象的再现，将自然加以变形、改造，以表现自己的主观世界。"最要紧的事，是表现派将他们所要表现的'精神'解释为运动，跃进，突进和冲动。'精神'是地中的火一样的，一有罅隙，便要爆发。一爆发，便将地壳粉碎，走石，喷泥。表现派的作品是爆发底，突进底，跃动底，锐角底，畸形底，而给人以不调和之感者，就为此。"作者认为，文学上的表现派就是从美术界移植而来的。

　　无独有偶，鲁迅在《野草·题辞》中有着类似的表达："地火在地下运行，奔突；熔岩一旦喷出，将烧尽一切野草，以及乔木，于是并且无可朽腐。"《野草》的表现主义色彩极为浓厚，它创造了一个个神奇瑰丽、神秘幽深的艺术境界，其目的不是描写客观世界，而是表现主观精神世界。特别是《秋夜》《影的告别》《过客》《死火》《墓碣文》和《颓败线的颤动》等。鲁迅的小说，总体上是现实主义的，但个别细节却有浓厚的表现主义的色彩，如《在酒楼上》描写废园中的那株山茶花"赫赫的在雪中明得如火，愤怒而且傲慢"；《孤独者》描写魏连殳嚎哭时"像一匹受伤的狼，当深夜在旷野中嗥叫，惨伤里夹杂着愤怒和悲哀"。

（五）绘画般鲜明的人物形象

　　文学用语言塑造形象，绘画用线条和色彩塑造形象；文学主要靠叙述、描写和抒情等塑造形象，绘画靠造型塑造形象；文学形象是间接的、想象的、综合的，绘画形象是直接的、可见的、相对单纯的。

　　不同作家因艺术修养和审美取向的不同，塑造形象的方式也有所不同，有所侧重。如郁达夫的《沉沦》、丁玲的《莎菲女士的日记》等，主要靠叙述、抒情塑造形象，令人印象深刻，但主人公的视觉形象比较模糊。而鲁迅作品中的人物形象则有鲜明的视觉特征，这应该在很大程度上归功于鲁迅的美术修养。如《故乡》中对少年闰土和老年闰土的对比刻画，对"细脚伶仃的圆规"杨二嫂的刻画，形象鲜明，令读者如见其人。当母亲提到闰土时，"我的脑里忽然闪出一幅神异的图画来：深蓝的天空中挂着一轮金黄的圆月，下面是海边的沙地，都种着一望无际的碧绿的西瓜，其间有一个十一二岁的少年，项带银圈，手捏一柄钢叉，向一匹猹尽力的刺去，那猹却将身一扭，反从他的胯下逃走了"。我见到的中年闰土是："他身材增加了一倍；先前的紫色的圆脸，已经变作灰黄，而且加上了很深的皱纹；眼睛也像他父亲一样，周围都肿得通红，这我知道，在海边种地的人，终日吹着海风，大抵是这样的。他头上是一顶破毡帽，身上只一件极薄的棉衣，浑身瑟索着；手里提着一个纸包和一支长烟管，那手也不是我所记得的红活圆实的手，却又粗又笨而且开裂，像是松树皮了。""他只是摇头；脸上虽然刻着许多皱纹，却全然不动，仿佛石像一般。""多子，饥荒，苛税，兵，匪，官，绅，都苦得他像一个木偶人了。"

　　阿Q的形象更是鲜明。鲁迅说："我的意见，以为阿Q该是三十岁左右，样子平平常常，有农民式的质朴，愚蠢，但也很沾了些游手之徒的狡猾。在上海，从洋车夫和小车夫里面，恐怕可以找出他的影子来的，不过没有流氓样，也不像瘪三样。只要在头上戴上一顶瓜皮小帽，就失去了阿Q，我记得我给他戴的是毡帽。这是一种黑色的，半圆形的东西，将那帽边翻起一寸多，戴在头上的；上海的乡下，恐怕也还有人戴。"[1]可见在鲁迅的心目中，阿Q的视觉形象是多么鲜明突出，如绘画一般。

（六）杂文和论文的形象性

鲁迅的杂文生动形象，充满感情，嬉笑怒骂，皆成文章。这是鲁迅杂文进入文学之林的根本原因。他在杂文中塑造的落水狗、叭儿狗的形象具有漫画般的夸张性和生动性，令人过目不忘。鲁迅的许多理论文章也具有他人难以比拟的生动性。如他论短篇小说云："在巍峨灿烂的巨大的纪念碑底的文学之旁，短篇小说也依然有着存在的充足权利。不但巨细高低，相依为命，也譬如身入大伽蓝中，但见全体非常宏丽，眩人眼睛，令观者心神飞越，而细看一雕阑一画础，虽然细小，所得却更为分明，再以此推及全体，感受遂愈加切实，因此那些终于为人所注重了。"[2]对杂文，鲁迅也有生动形象的描述："不错，比起高大的天文台来，'杂文'有时确很像一种小小的显微镜的工作，也照秽水，也看脓汁，有时研究淋菌，有时解剖苍蝇。从高超的学者看来，是渺小，污秽，甚而至于可恶的，但在劳作者自己，却是一种'严肃的工作'，和人生有关，并且也不十分容易做。"[3]

（七）鲜明的色彩感

鲁迅作品给人的总体感觉是压抑沉重，色彩不能说绚丽。但

［1］ 鲁迅全集6[M].154.
［2］ 鲁迅全集4[M].134.
［3］ 鲁迅全集8[M].418.

鲁迅一旦描写到色彩，往往内涵丰富，给人以极深的印象。鲁迅作品中描写最多的色彩是黑色和红色。红色表现激情、热烈，黑色则表现了极度的沉重、压抑和力量。

鲁迅的小说《在酒楼上》塑造了一个觉醒以后无路可走的苦闷彷徨的现代知识分子吕纬甫的形象。鲁迅用几株在破败花园中斗雪开放的老梅和山茶树，与主人公的彷徨性格相对比，写得极有力量："几株老梅竟斗雪开着满树的繁花，仿佛毫不以深冬为意；倒塌的亭子边还有一株山茶树，从暗绿的密叶里显出十几朵红花来，赫赫的在雪中明得如火，愤怒而且傲慢，如蔑视游人的甘心于远行。"

鲁迅的《铸剑》塑造了一个孤独倔强的复仇者"黑色人"，集中体现了鲁迅理解和运用色彩的功力。这人"黑须黑眼睛，瘦得如铁"，行踪诡秘，语言极少，声音像鸱枭，眼睛像两粒磷火，无端而来，无端而去，冷静得近于冷酷，他只想替眉间尺复仇，不讲任何理由。他最终与仇人同归于尽。

鲁迅的散文诗《过客》也表现出鲁迅对黑色的偏爱，过客"约三四十岁，状态困顿倔强，眼光阴沉，黑须，乱发，黑色短衣裤皆破碎，赤足著破鞋，胁下挂一个口袋，支着等身的竹杖。"

鲁迅特别喜欢黑白木刻，称之为"光耀的黑白"。有人说："鲁迅的天性，鲁迅的文学笔调，这种笔调的黑白质地，从来是木刻性的，正合于他的禀赋：简约，精炼，短小，在平面范围内追求纵深感。版画趣味，是鲁迅文学风格自然而然的延伸。"[1] 我们由此可见文学与美术在鲁迅身上的交互影响。

---

[1] 陈丹青.笑谈大先生[M].桂林：广西师范大学出版社，2011：149.

二、美术中的鲁迅形象

　　鲁迅生前已有不少美术家描绘过他的形象，鲁迅去世后，美术家对他的描绘一直持续不断。

　　青年画家陶元庆于 1924 年 12 月认识鲁迅，为鲁迅和他编辑的作品画过不少封面画，很得鲁迅的赏识。他早就想为鲁迅画像，但一直找不到合适的时间。1925 年，陶元庆到浙江台州任教。临行前，拿了鲁迅两张照片，为鲁迅画像。同年 9 月 29 日，鲁迅致信陶元庆挚友许钦文说："我的肖像是不急的，自然还是书面要紧。"1926 年春天，这张肖像画终于完成。据许钦文回忆：当时陶元庆左手持着鲁迅的相片，右手握削尖了的木炭，在画架前一站好几天。他画画，擦擦，再画画。画将完成时，他盯着画纸看了几分钟，忽然拿起大块的软橡皮，将几天的辛苦一下子统统擦掉，然后换上粗条的木炭，"刷刷刷"一气呵成。

　　画像完成以后，陶元庆仔细将画卷在包了布的洋铁筒上，邮寄给鲁迅。1926 年 5 月 3 日，鲁迅到邮局取回画像，非常满意。他致信陶元庆说："我觉得画得很好，我很满意。"又说："画面有胶，嵌在玻璃框上，不知道泛潮时要粘住否？应该如何悬挂才好，便中请告知。"可见鲁迅对这幅肖像是很珍惜的。此画也得到鲁迅二弟周作人的肯定，认为比较准确地表现了鲁迅的性格。周作人

陶元庆画鲁迅像，1926 年

说："我对于美术全是门外汉，只觉得在鲁迅生前，陶元庆给他画过一张像，觉得很不差，鲁迅自己当时也很喜欢，仿佛是适中的表现了鲁迅的精神。"[1]这画像一直挂在鲁迅北京寓所的客厅里。

1926年1月10日，鲁迅发表《论"费厄泼赖"应该缓行》，针对林语堂提倡的"费厄泼赖"（英语Fairplay的音译，原为体育比赛和其他竞技所用的术语，意思是光明正大的比赛，不用不正当的手段），提出"费厄泼赖"应该缓行，批评了不打"落水狗"的思想，表现了鲁迅对中国社会的深刻理解和除恶务尽的战斗精神。林语堂表示接受，并作漫画《鲁迅先生打叭儿狗》，发表在1926年1月23日《京报》副刊上，赞扬了鲁迅痛打落水狗的精神。画面上的鲁迅头戴皮帽，留八字胡，身上穿着厚厚的一件大氅，正挥舞长杆打落水狗。但此画技巧并不高明，鲁迅动作僵硬，远不能表达痛打之意。

鲁迅到上海不久，1928年3月16日，时任《良友》画报主编梁得所在鲁迅景云里寓所为鲁迅拍摄了4张照片，并在1928年4月出版的第25期《良友》画报上刊登了鲁迅在书房里的照片1张，成为鲁迅最有代表性的留影之一。同时刊出了梁得所对鲁迅的采访。鲁迅向来不轻易让人拍照，更不愿刊出他的照片。他在北京的几处住所（绍兴会馆、八道湾、砖塔胡同、西三条）都没留下过生活照，更不要说在书房的照片了。但梁得所对鲁迅说，许多读者读了他的著作，都希望能一见作者的真面目，鲁迅便同意了。拍完后，梁得所立即将照片和刊物送给鲁迅。鲁迅1928年3月16

---

[1] 周作人.关于鲁迅[M].止庵编.乌鲁木齐：新疆人民出版社，1997：479.

日日记："晚梁得所来摄影二并赠《良友》一本。" 1928 年 3 月 21 日日记："晚得梁得所信并照片三枚。"

1933 年 1 月，良友图书印刷公司出版了鲁迅编译的苏联小说集《竖琴》，封面上印有鲁迅头像，为马国亮画。1933 年 3 月该社出版鲁迅编译的《一天的工作》，封面上也印有鲁迅的木刻头像，由梵澄（徐诗荃）刻。这两部翻译小说都是时任良友图书公司的青年编辑赵家璧向鲁迅约稿的。马国亮当时是《良友画报》的主编，他画的鲁迅头像刚劲有力，颇能表现鲁迅的精神。徐诗荃曾留学德国，帮鲁迅购买版画，鲁迅所收藏的许多德国版画，是通过他购买的。他受鲁迅影响而学习木刻。此作是最早的鲁迅版画像，技巧虽稍嫌幼稚，但刀法简洁，黑白对比鲜明，也能表现鲁迅的个性，同时也表现了鲁迅提倡木刻的影响和青年们对鲁迅的敬仰和爱戴。

1933 年 6 月，上海的《论语》半月刊第十八期登载了一幅漫画《鲁迅与高尔基》，作者是上海美术专门学校学生魏猛克。当时有人称鲁迅是"中国的高尔基"，他就创作了这幅漫画，画中鲁迅矮小，高尔基高大，发表时，又被人添上"俨然"二字，加大了嘲讽力。为解释此事，魏猛克给鲁迅写了一封信。1933 年 6 月 5 日，鲁迅写了一封公开信，与魏猛克的"来信"一起，总题为《两封通信》，发表于 1933 年 6 月 16 日上海《论语》半月刊第十九期上。魏猛克在给鲁迅的信中辩解道："这张插图（指《鲁迅与高尔基》）被一位与《论语》有关的人拿去发表，却无端加上'俨然'两字，这与作者的原意是相反的，为了责任，只好在这儿来一个声明。"这岂能瞒过鲁迅？鲁迅说："那一张插图，一目了然，那两个字是另一位文学家的手笔，其实是和那图也相称的，我觉得倒也无损于原意。我的身子，我以为画得太胖，而又太高，我那里及得高尔基的一半。文艺家的比较是极容易的，作品就是铁证，没法游移。"[1]

对于莽撞的美术青年魏猛克，鲁迅并未过多计较，后来还请他为斯诺与姚克合作翻译的《阿Q正传》英译本作插画。《鲁迅日记》1934年3月23日记载："为施君（即斯诺）托魏猛克作插图。"31日："得猛克信并插图五幅。"4月3日："寄姚克信并魏猛克画五幅"。鲁迅在信中基本肯定了魏猛克的插画，说："总算用毛笔而带中国画风的，尚幼稚，器具衣服，亦有误处（如衣皆左衽等），不过还不庸俗，而且比欧洲人所作，错误总可较少。"

鲁迅指导新兴木刻运动后，不少青年木刻家为表达对鲁迅的敬仰之情，用木刻的形式刻画鲁迅的形象。木刻青年罗清桢创作了木刻《鲁迅像》，拓印两幅，于1933年12月7日寄给鲁迅。鲁迅认为刻得不错，当日复信说："顷又得惠函并肖像两幅，甚感。这一幅木刻，我看是好的，前函谓当另觅照相寄上，可以作罢了。我的照相原已公开，况且成为木刻，则主权至少有一大半已在作者，所以贵校同事与学生欲得此画，只要作者肯印，在我个人是可以的。但我的朋友，亦有数人欲得，故附奉宣纸少许，倘能用此纸印四五幅见寄，则幸甚。"

赖少其也是受到鲁迅影响参加新兴木刻运动的木刻青年，被鲁迅称为中国"最有战斗力的青年木刻家"。当时，鲁迅的作品

[1] 鲁迅全集8[M].378.

罗清桢刻鲁迅像，1934 年

遭到查禁，鲁迅的画像也经常被禁止展览和在报刊上发表。1935年，赖少其将自己表现鲁迅及其作品的一幅木刻寄给鲁迅，其中有笔、有墨水瓶、有蜡烛、有手持武器的战士，有鲁迅的作品《阿Q正传》。最巧妙的是作者把鲁迅的头像刻在并不引人注意的墨水瓶上。鲁迅于6月29日复信赖少其说："《失恋》及《阿Q正传》各一幅，是寄给《文学》去了，倘检查官不认识墨水瓶上的是我的脸，那该是可以登出的。"这幅作品后来以《静物》为名，发表于1935年7月《文学》第5卷，成为表现鲁迅形象的著名作品。

力群也是当时的木刻青年，就读于国立杭州艺术专科学校，与同学曹白等一起组织木铃木刻社。他们很快创作了一批作品，在杭州城内举办展览，还出版了一本《木铃木刻集》。他们的激进行为受到国民党政府的注意，1933年10月10日一早，力群、曹白与叶洛三名青年被国民党警察逮捕，直到1935年初，方才先后经人保释出狱。通过同学介绍，力群开始与鲁迅书信联系，每创作一幅木刻，就寄给鲁迅请求指导。1936年，他将自己刻的《鲁迅像》寄给鲁迅，这件作品随后发表于上海著名的《作家》月刊，成为力群的代表作之一。但遗憾的是，力群与鲁迅的唯一一次见面，是为鲁迅描绘遗容。1936年10月19日晨，鲁迅去世，力群赶到鲁迅寓所，用紧张颤抖的手，用一上午时间，画了四张鲁迅的遗容。当天赶往鲁迅寓所描绘鲁迅遗容的还有曹白、陈烟桥、许幸之、黄新波等。

曹白，原名刘平若，江苏江阴人。1933年春在国立杭州艺术专科学校学习，和力群一同参加该校学生组织的木铃木刻社，参加左翼文化运动。同年10月与力群一起被国民党当局逮捕，1935

司徒乔画鲁迅像，1936 年

年初出狱。不久，他刻了《鲁迅像》和《鲁迅遇见祥林嫂》两幅木刻，送交全国木刻联合展览会，但《鲁迅像》被国民党上海市党部检查官禁止展出。次年 3 月，他将这幅木刻像寄给鲁迅，鲁迅在左侧空白处题了这样一段文字："曹白刻。一九三五年夏天，全国木刻展览会在上海开会，作品先由市党部审查，'老爷'就指着这张木刻说：'这不行！'剔去了。"鲁迅表示："我要保存这一幅画，一者是因为是遭过艰难的青年的作品，二是因为留着党老爷的蹄痕，三，则由此也纪念一点现在的黑暗和挣扎。"[1]鲁迅得知曹白因创作而坐牢，给他写信道："为了一张文学家的肖像（指曹白刻苏联文艺理论家卢那察尔斯基像），得了这样的罪，是大黑暗，也是大笑话，我想作一点短文，到外国去发表。所以希望你告诉我被捕的原因、年月、审判的情形，定罪的长短……"[2]曹白遵嘱写了一篇《坐牢札记》，交给鲁迅。鲁迅据此完成名篇《写于深夜里》。鲁迅逝世后，曹白和力群参加守灵、送葬，曹白还是12 名抬棺人之一。

　　1928 年 2 月，青年画家司徒乔曾为鲁迅画过一幅炭笔速写肖像，此画曾发表于当年 4 月号《良友》画报，1933 年又刊入《鲁迅杂感选集》。后来司徒乔还计划为鲁迅画油画肖像，鲁迅欣然同意。可惜的是，还没有等到那一天，鲁迅便猝然离世。听到噩耗，司徒乔赶赴万国殡仪馆鲁迅灵堂，强忍悲痛，用自制的竹笔，在盖棺之前，画下了鲁迅最后的面影。遗容共画了三张，在最后一张上，他特别注明："鲁迅先生盖棺前五分钟，司徒乔作。"司徒

---

[1]　鲁迅全集 14 [M].51.

[2]　鲁迅全集 14 [M].62.

司徒乔画《鲁迅与闰土》，1952 年

乔的画简练传神，每条线都如刀刻一般。后来，在公交车上，司徒乔遇到了同样来为鲁迅送行的宋庆龄，便把其中一幅赠送给了宋庆龄。过了几天，宋庆玲回赠他一本鲁迅亲自选编的《凯绥·珂勒惠支版画选集》。司徒乔还为鲁迅葬仪制作了五米高的鲁迅画像，极为传神。新中国成立后，他还画过国画《鲁迅与闰土》等，得到广泛好评。

陈烟桥（李雾城）是与鲁迅交往最多的青年木刻家之一。得知鲁迅逝世，陈烟桥赶往鲁迅寓所，含泪画下了先生的遗容。四十年代，他出版了专著《鲁迅与木刻》，比较全面地论述了鲁迅与新兴木刻的关系，并辑录了大量鲁迅关于木刻的评论，是中国第一本全面阐述鲁迅与新兴木刻的著作，书的封面是陈烟桥自己刻的鲁迅半身像，其背景是中国人民艰苦奋斗的场景。

罗工柳，1936年考入杭州艺术专科学校。他在鲁迅文艺思想的感召下走上艺术道路，自学木刻。1936年鲁迅逝世，他深感悲痛，创作了木刻《鲁迅像》寄给许广平。这幅作品运用了剁、砸、斫等方法，如雕塑般结实，展现出罗工柳初露锋芒的艺术才华。

1936年1月，日本画家堀尾纯一在内山书店为鲁迅作漫画像一幅，并在画像背后题词："以非凡的志气，伟大的心地，贯穿了一代的人物。"

1936年10月8日，鲁迅参观了在上海举办的"第二回全国木刻流动展览会"。他大病未愈，面色消瘦，气力不足，不时咳嗽，但兴致很高。他认真观看作品，与木刻青年进行了广泛的交流。摄影青年沙飞在现场，忠实记录了这些极其珍贵的场景。后来，他对战友说："我拍鲁迅和青年木刻家谈话的照片，先把谈话的情景拍下来，又从各个角度拍鲁迅先生的特写。把先生的风度，对年轻人的关心，根据我的感受，用摄影手段表现出来。作为新闻照片，第一幅就够用了，但这机会非常难得，我拍完第一幅后，没有放过这宝贵的历史时刻，继续细心观察，用以拍摄鲁迅的特写镜头。这是鲁迅最后一次抱病参加活动，假如我不是如此认真地拍摄，一定终身遗憾，也有负于历史。"[1]沙飞将照片冲洗放大寄给鲁迅。不料，11天后，1936年10月19日，沙飞便惊闻鲁迅的噩耗，他立刻背上照相机，直抵鲁迅寓所。他默立在鲁迅遗体前，深深地三鞠躬。然后轻轻地打开照相机，对着先生遗容按下了快门。在随后的鲁迅遗体瞻仰、出殡期间，沙飞拿着相机，记录了不少珍贵的历史镜头。这些作品发表后引起轰动。

不久，李桦和罗工柳分别根据沙飞的照片创作了木刻《最后的鲁迅先生》和《鲁迅像》。

黄新波与鲁迅于1933年相识。此后黄新波陆续把自己的50多幅木刻作品寄给鲁迅，请求指教。鲁迅在编印《木刻纪程》时，选了黄新波的《推》，以"一工"的署名发表，并介绍他为叶紫的小说《丰收》作了封面和插图、为《八月的乡村》作封面。鲁迅逝世后，黄新波赶赴鲁迅寓所，为鲁迅遗容画速写，并据此创作了木刻《鲁迅遗容》。他的另一杰作《鲁迅先生葬仪》，描写人们送别鲁迅先生的动人场面：暮色苍茫中，送葬的人们俯首肃立。远方的天空中，出现了一勾弯弯的新月。

鲁迅逝世后，纪念鲁迅的美术作品不断涌现。1939年10月，

---

[1] 王雁.摄影家沙飞与鲁迅 [J].汕头大学学报（人文社会科学版),2005（2）.

全国木刻界抗敌协会在桂林举办"纪念鲁迅逝世三周年木刻展览会"，展出了300多幅木刻作品。之后，又赴战地和后方的一些城市展出。"文协"成都分会举办鲁迅先生纪念展览会，共陈列展品465件。会场上陈列鲁迅画像，墙面上贴着200多幅木刻和纪念鲁迅的报刊。还设立小卖部，义卖纪念鲁迅的刊物、鲁迅石膏像和木刻作品等，观众达4万多人。这是鲁迅逝世后国内举办的第一个纪念鲁迅的展览会，开创了用展览的方式宣传鲁迅的先河。

1948年，木刻家张漾兮创作了木刻《鲁迅先生》。作品以鲁迅先生的格言"路是人走出来的"为主题，以纪念碑的形式，刻画了正在写作的鲁迅先生，仿佛带着微笑，憧憬着未来。纪念碑式的底座为浅浮雕式群像，描写千百万进步知识分子和工农群众在先生的引领下奋勇前进。1948年10月20日鲁迅逝世十二周年的次日，该作品发表于香港《华商报》。1949年香港学生出版社将该作品制成单幅画片大量发行。

1956年，为纪念鲁迅逝世20周年，人民美术出版社出版了由野夫编选的《纪念鲁迅美术选集》，收集了包括各画种的鲁迅像、鲁迅生平事迹、鲁迅故乡故居的风景和鲁迅小说插图等共计78幅作品。其中收录了1926年陶元庆为鲁迅画的素描头像，1935年曹白刻鲁迅像和1936年司徒乔画的鲁迅遗容速写。

1979年，天津人民美术出版社出版了《纪念鲁迅美术作品选》，收入表现鲁迅战斗一生的绘画、雕刻、木刻、插画等90余幅，以纪念鲁迅在美术工作方面的业绩。李霁野撰写的《导言》，简要介绍了鲁迅的美术思想，选材精当，言简意赅，发人深思。

1986年鲁迅逝世50周年之际，北京鲁迅博物馆陈列部又编辑了《鲁迅美术形象选》，由陕西人民美术出版社出版。鲁迅博物馆以馆藏美术作品中有关鲁迅形象的部分为基础，并向全国有关单位征集作品，精选编成该书，按画种分类，依鲁迅生平事迹编排，收作品 101 幅，都是当代画家和雕塑家的作品，其中又以木刻为多。著名木刻家李桦说："这是因为新兴木刻是鲁迅先生晚年一心倡导的一门革命美术，而木刻家们对于鲁迅先生感受最深，景仰最切，从感情上最敬爱他们的导师，所以出现在新兴木刻中的鲁迅形象和鲁迅小说插图特多，是可理解的。"[1]

在新中国成立后出现的各种鲁迅像中，颜仲、赵延年和裘沙创作的鲁迅像形神俱似，令人印象深刻。赵延年的木刻刀法简洁有力，突出了鲁迅"横眉冷对千夫指"的一面；颜仲的木刻刀法细腻，侧重表现鲁迅"俯首甘为孺子牛"的一面；裘沙的木炭画《鲁迅像》，更能表现鲁迅的"心事浩茫连广宇"的深邃与博大。

还有诸多用雕塑、工艺美术或民间美术形式表现鲁迅形象的作品，如泥塑、陶瓷、石雕、木雕、剪纸、刺绣、编织等，显示了鲁迅的广泛影响。其中著名的如萧传玖 1956 年为上海虹口公园内鲁迅墓创作的《鲁迅纪念像》、张松鹤 1973 年创作的浮雕《鲁迅头像》等。

改革开放以来，美术家们创作了更加丰富多彩的鲁迅形象。靳尚谊的油画《鲁迅》以写实笔法描绘鲁迅在暗夜中静坐藤椅、手夹香烟、凝神沉思的形象，深沉含蓄，意味悠长；吴冠中的油画《野草》从鲁迅的散文诗集《野草》得到启发，以大写意笔法，

---

[1] 李桦.《鲁迅美术形象选》序［M］//鲁迅美术形象选.西安：陕西人民美术出版社，1986.

创造性地将鲁迅遗影头像描绘于泥土、野草中，表现了鲁迅甘为泥土、甘为野草的质朴与博大，震撼人心；熊秉明为中国现代文学馆所作《鲁迅》头像雕塑，以黄铜金属材料制作，介于具象、抽象之间，线条简练，刚硬、质朴，有力表现了鲁迅的正气凛然；吴为山的雕塑《民族魂——鲁迅》，是与真人等高的铜铸全身立像，以写意雕塑的形式表现了鲁迅作为民族魂的风骨与精神……

另外，在纪念鲁迅一百周年诞辰之际，著名书画、篆刻家钱君匋出版了《钱刻鲁迅笔名印集》。这本印集收录鲁迅所用笔名印134方，其他名号印32方，且都附有简短的考据文字，不仅艺术价值甚高，而且是了解鲁迅生平的一份重要资料。

三、美术中的鲁迅作品

鲁迅的文学作品是中国现代文学的经典，鲁迅与美术青年关系密切，深受爱戴。所以，许多美术家喜欢以鲁迅作品为题材进行艺术创作。

刘岘，1932年考入北平艺专西画专业，后转往上海美专。1933年10月，与鲁迅取得联系，得到了鲁迅的热心指教。11月，刘岘在上海美专发起成立未名木刻社，创作了《野草》插图集、《孔乙己》插图集、《风波》插图集、《阿Q正传》插图集和《怒吼吧，中国之图》等10多种木刻版画集。刘岘将这些作品呈送给鲁迅审阅，鲁迅做了指导和肯定。鲁迅特别赞许《孔乙己》的插图说："《孔乙己》的图，我看是好的，尤其是颜面的表情，刻得不坏，和本文略有出入，也不成问题。[1]

《阿Q正传画集》为未名木刻社1936年出版的手拓本，共20幅。这是《阿Q正传》第一本单独成册的画集。刘岘在创作过程中曾得到鲁迅的直接指导，对阿Q的形象修改十多次。刘岘绘刻的《阿Q正传》插图，抓住了原著的主要故事情节，表现了原著的基本内容。但不可否认，这部作品技巧比较幼稚，形象比较模

---

[1] 鲁迅全集14［M］.407.

糊，难以表现原作的精神。1935 年 5 月 30 日，刘岘在致鲁迅的信中说："阿 Q 我整绘了十数次，都看看和心想的不合，就这样虽稍觉还能表现一些麻木的神情，然而，又和原文相差亿里了。"[1]后来，刘岘一直致力于鲁迅作品插图创作，为《孔乙己》《阿 Q 正传》《风波》《野草》等创作大量插图，取得了卓越成就。2021 年人民文学出版社出版《呐喊 刘岘插图本》《野草 刘岘插图本》，共收入刘岘木刻画 104 幅。

　　1934 年 9 月，上海一家刊物《戏》周刊开始发表改编的剧本《阿 Q 正传》，同时刊载剧中人物的画像。其中该刊第十二期（11 月 4 日）刊载叶灵凤创作的阿 Q 像，"头上戴上一顶瓜皮小帽"。鲁迅于 1934 年 11 月 25 日在《中华日报》副刊《戏》周刊第十五期发表《寄〈戏〉周刊编者信》，提出了自己对阿 Q 形象的看法，认为："只要在头上戴上一顶瓜皮小帽，就失去了阿 Q，我记得我给他戴的是毡帽。"[2]

　　1934 年 10 月 16 日鲁迅日记记载："午后得陈铁耕信并《阿 Q 正传》木刻插画九幅。"后来，鲁迅把这些插图寄给《戏》周刊，并说："他（陈铁耕）是广东人，所用的背景有许多大约是广东。第二，第三之二，第五，第七这四幅，比较刻的好；第三之一和本文不符；第九更远于事实，那时那里有摩托车给阿 Q 坐呢？该是大车，有些地方叫板车，是一种马拉的四轮的车，平时是载货物的。但绍兴也并没有这种车，我用的是那时的北京的情形，我

---

[1]　周海婴编．北京鲁迅博物馆注释．鲁迅许广平所藏书信选 [M]．长沙：湖南文艺出版社，1987：143.

[2]　鲁迅全集 6 [M]．154.

在绍兴，其实并未见过这样的盛典。"[1]

特别值得一提的是，在鲁迅生前，苏联著名木刻家、书籍插画家毕珂夫曾为鲁迅作品的俄译本刻过插画，有《社戏》《明天》《故乡》等。

1935 年 8 月 3 日，一位青年画家王均初（胡蛮）在鲁迅 55 岁生日时赠送他一幅油画，名为《读〈呐喊〉图》。油画表现了工人、农民、学生在看鲁迅的第一部小说集《呐喊》的情景。此画一直挂在上海大陆新村鲁迅故居的客厅里。

1939 年 7 月，开明书店出版了丰子恺绘制的《漫画阿 Q 正传》，内收漫画 54 幅。这是丰子恺为宣传、普及《阿 Q 正传》而创作的，创作因时局动荡历尽艰辛，三起其稿，方得成就。丰子恺出生于浙江，又是画家、漫画家，所以，他画的《漫画阿 Q 正传》既比较忠实于原作，又简洁风趣、通俗易懂，深受读者欢迎，至 1951 年已重印 15 次，印数达一万多册，是鲁迅小说《阿 Q 正传》的图画中流传最广、影响深远的一种。新中国成立后，丰子恺又把鲁迅的《祝福》《孔乙己》《故乡》《明天》《药》《风波》《社戏》《白光》等八篇小说，用漫画的形式表现出来，共 140 幅，加上之前的《漫画阿 Q 正传》54 幅，共计 9 种，194 幅，出版了《丰子恺插图鲁迅小说全集》。丰子恺的漫画作品线条朴素，特点鲜明，风格独特，深受人们的喜爱。

丁聪的《阿 Q 正传插图》于 1945 年 2 月由重庆群益出版社出版，是土纸本、木板印刷。内收丁聪绘、胥叔平刻的《阿 Q 正传》

---

[1] 鲁迅全集 6 [M].154.

插图 25 幅（连封面）。每幅画的背页印有《阿 Q 正传》相关文字的摘录。丁聪的插图，因当时印刷条件的限制，画成了有现代木刻版画刀法的画，贴在木头上请成都木刻名匠胥叔平用刻刀镌刻，后直接放在机器上印刷。该插图比较准确把握了鲁迅笔下阿 Q 的性格，以忠实和一丝不苟的写实的作风，较好地塑造了阿 Q 的形象。后来罗果夫翻译的《阿 Q 正传》俄译本、田中清一郎和中泽信三的《阿 Q 正传》日译本，都选用了丁聪的这些插图。丁聪的这本画集在国内多次印行，至 1951 年 4 月已印行 4 版。1992 年，又以《阿 Q 正传漫画》为名印行。2000 年，又全部插入汉英对照的《插图本阿 Q 正传》中。丁聪还曾为《呐喊》《彷徨》和《故事新编》等小说绘制了插图，出版了《鲁迅小说全集（丁聪插图本）》，内收鲁迅全部小说作品，所配 33 幅插图也是丁聪最具代表性的作品。

　　著名书画家程十发受鲁迅有关连环画论述的启发与影响，走上了连环画创作的道路。自 1956 年至 1981 年，他先后为《孔乙己》《阿 Q 正传》《伤逝》绘制了连环画。其中《阿 Q 正传一零八图》是 1961 年程十发为纪念鲁迅诞生 80 周年而创作的，充分表现了他在艺术上的独特风格与鲜明个性，成为其连环画创作最具代表性的优秀作品之一。该作品比较成功地塑造了阿 Q 的形象，而且注重虚实结合，充分发挥了视觉艺术的独特表现力，令人回味。此书在大陆多次再版，还曾在香港出版。后来，程十发还与儿子程多多一起，绘制了鲁迅小说《伤逝》的插图，并于 1982 年出版。

　　著名木刻家赵延年自 1956 年起，开始创作鲁迅题材的作品，他 1961 年创作的《鲁迅像》被版画史家李允经誉为"至今为止大

约近千幅《鲁迅像》中最为优秀的作品，简直无人可以比肩"。^[1]
他的创作以鲁迅小说插图为多，他是我国版画界钻研鲁迅作品最
为深刻、实践鲁迅木刻教导最为勤奋、获得艺术成就也最为突出
的艺术家。1980年8月，他的黑白木刻连环画《阿Q正传》出
版，共计58幅。这是真正表现鲁迅所倡导的木刻风格的一部作
品，运刀大胆准确、线条刚劲有力，黑白对比强烈，极富刀味、
木味，给读者以强烈印象。特别是对阿Q肖像的刻画，可谓形神
俱似，不仅准确地表现了阿Q的外貌特征，也有力表现了阿Q的
精神特征，得到了广泛好评，在海内外产生了很大的影响。此后，
赵延年又创作了鲁迅其他小说的插图。从2002年开始，人民文学
出版社陆续出版了《赵延年木刻插图本〈阿Q正传〉》《赵延年木
刻插图本〈狂人日记〉》《赵延年木刻插图本〈野草〉》和《赵延
年木刻插图本〈故事新编〉》，出版之后很受读者的欢迎。自2002
年4月首印，至2004年3月，在不满两年的时间里，总印数已达
到十八万册以上。后来，他又出版了《赵延年木刻鲁迅作品图鉴》
和《画说鲁迅——赵延年鲁迅作品木刻集》等。后者分"鲁迅文
学作品插图""木刻版画中的鲁迅""鲁迅作品插图创作谈"三部
分，全面收录了赵延年关于鲁迅的木刻作品和相关理论文章。

　　裘沙和夫人王伟君是终生传播鲁迅思想和精神的两位杰出美
术家。他们都是新中国培养出来的第一代画家，都出生于浙江，
是鲁迅的同乡，与鲁迅及其小说中的人物和生活有天然的亲近感。
特别是在"文革"的艰难岁月中，他们与鲁迅作品朝夕相伴，从

---

[1]　赵健雄.中国美院外传［M］.杭州：浙江人民出版社，2011：223.

中汲取力量，极大地加深了对鲁迅作品的理解，激发了他们终生研究鲁迅作品、弘扬鲁迅精神的信念，开始了表现鲁迅及其整个思想体系的系列美术创作。1972年，他们开始创作连环画《阿Q正传》。为了寻找创作阿Q的模特，他们专门到绍兴，每天留心观察一个在街头巷尾专事寻人挑衅、逗乐、吵嘴、打架的游手好闲之徒，从模特身上提炼、萃取、加工。历经8年之久，终于塑造出一个准确鲜明的阿Q形象。1980年，他们完成了碳铅笔素描画巨作《阿Q正传二百图》。此后，他们在国内外先后出版了30余种有关鲁迅的画集和书籍，完成了"鲁迅之世界"和"世界之鲁迅"这两大系列画集。1981年9月，他们在北京举办了第一个鲁迅画展《鲁迅文学作品插图展览》。1986年，他们在东京、仙台举办了《鲁迅逝世50周年纪念展〈鲁迅之世界〉》画展。此后，他们先后在国内外举办纪念鲁迅的专题个人画展近30次，影响波及日本、欧美等多个国家和地区，在国内外文化界、美术界引起强烈反响。他们一生共创作鲁迅形象和鲁迅作品主题画两千余幅。2020年和2021年，90高龄的裘沙和王伟君又分别在上海和广州举办了鲁迅作品绘画展，他们终生不渝的执着精神实在令人敬佩。

第六章　鲁迅与中国美术的现代转型

中国传统绘画发展到晚清，陈陈相因，已无力应对急剧变化的现代社会，需要脱胎换骨的转变。近代商业资本主义、城市新兴的市民阶层和现代知识分子逐步形成，一批放眼世界的美术前驱者呼吁进行美术革命，主张借鉴西方美术，改革传统美术，创造现代美术。鲁迅在中国美术的现代转型中发挥了重要作用。

一、参与美术革命

　　中国现代社会的巨变促成了中国人思想观念的剧变，而观念变革是实践变革的前提。中国现代美术以美术革命的宣言为先导。

　　产生于封建社会和士大夫阶层的中国传统绘画历经一千多年的发展，在思想观念、题材选择和艺术手法上都形成了独特的、超稳定的特色。从思想观念来看，基本不出两个方面：一是儒家所谓"成教化，助人伦"，直接为封建帝王服务的院体画家经常画的所谓先人圣哲、帝王将相、忠臣烈女等多属此类。二是佛道系统的"畅神"说，所谓"怡悦情性""聊写胸中逸气"是也。作为中国古代绘画主流的文人画，多属此类。中国的文人画，以唐代王维导其源，宋代苏轼扬其波，经稍后的米芾、米友仁父子的"米家山水"，至元代的赵孟頫和元四大家黄公望、王蒙、吴镇、倪瓒而蔚为大观，至明清两代几乎在画坛一统天下。这类作品多描绘山水花鸟、梅兰竹菊，以水墨为主，讲求笔墨情趣，用笔简约，以表现文人的闲情逸致，对写物象形要求不高。其末流则率意粗疏，玩弄笔墨，陈陈相因，千篇一律，成为文人们隐逸避世的消遣。我们谈中国绘画史传统，一般就是指文人画传统。至于为鲁迅所高度重视的汉画像石、明清插画和民间年画等，则不在主流之列，历来不为人所重视。

从世界绘画发展史看，中国传统绘画自有其鲜明的特点和独到的成就。但中国近现代社会的急剧变革使中国传统绘画失去了生存的土壤。现代资本主义的发展、现代知识分子和市民阶层的形成，需要新文化、新美术。但历史悠久的国画却无力应对现代社会的剧变，文化界、美术界的先知先觉者如康有为、徐悲鸿等，目睹西方绘画的繁荣和中国绘画的衰败，无不痛心疾首。

1919 年 1 月，在新文化运动的高潮中，吕澂和陈独秀首先在《新青年》上提出了"美术革命"的口号，他们既反对只学习西画的皮毛，更反对中国画的模仿，提出应采取西画的写实主义方法，改造中国画。

鲁迅当时的主要工作是文学，是思想革命，但他对美术问题也非常关注。他以思想革命者的敏锐，能透过诸多枝节，直接抓住新美术的本质。面对纷繁复杂的美术问题，鲁迅直截了当地提出："美术家固然须有精熟的技工，但尤须有进步的思想与高尚的人格。他的制作，表面上是一张画或一个雕像，其实是他的思想与人格的表现。令我们看了，不但欢喜赏玩，尤能发生感动，造成精神上的影响。"[1]

"思想""人格""精神上的影响"是鲁迅关于新美术的关键词，是贯穿鲁迅新美术理论的纲领。他抓住了新美术的根本，提出了完全不同于传统的新美术观，与当时美术革命的提倡者一起，标志着中国美术理论从传统到现代的根本变革。

1927 年 12 月，鲁迅刚到上海，就发表了《文艺与政治的歧

[1] 鲁迅全集 1 [M].346.

途》，提出："以前的文艺，如隔岸观火，没有什么切身关系；现在的文艺，连自己也烧在这里面，自己一定深深感觉到；一到自己感觉到，一定要参加到社会去！"[1]

1930 年 2 月 21 日，鲁迅在上海中华艺术大学做了一次讲演，这是鲁迅对自己新美术观的一次系统阐述，言简意赅。[2]针对当时画坛存在的追求怪异、忽视基本功和脱离社会等一系列问题，鲁迅提出："青年美术家应当注意以下三点：一、不以怪炫人，二、注意基本技术，三、扩大眼界和思想。"其中，第三点是最重要的，其根本要求是"为社会而艺术"，注意绘画的题材和意义。

当时，西画已传入我国并受到重视，但其题材多为静物、风景和人物肖像，国画虽屡遭批评，但其题材仍然是传统的山水花鸟。对此，鲁迅反复指出：

> 画家如仅画几幅静物、风景和人物肖像，还未尽画家的能事。艺术家应注意社会现状，用画笔告诉群众所见不到的或不注意的社会事件。总而言之，现代画家应画古人所不画的题材。

> 古人作画，除山水花卉而外，绝少画社会事件，他们更不需要画寓有什么社会意义。你如问画中的意义，他便笑你是俗物。这类思想很有害于艺术的发展。我们应当对这类旧思想加以解放。

> 今天的画家作画，不应限于山水花鸟，而应是再现

---

[1] 鲁迅全集 7 [M].120.

[2] 刘汝醴.鲁迅在上海中华艺术大学的讲演记录[M]// 马蹄疾.鲁迅讲演考.哈尔滨：黑龙江人民出版社，1981：352—356.

现社会的情况于画幅之上。

　　工人农民看画是要问意义的，文人却不然，因此每况愈下，形成今天颓唐的现象。十九世纪法国很多画家只在色彩上花功夫，这和中国画家只在山林泉石的构图上花功夫同样错误。"意义"在现代绘画上是一件很重要的事……

　　鲁迅还批评了月份牌上的病态女性，一些海归画家用命题欺骗群众，用色彩诱惑群众，批评印象派许多画家只在色彩上花功夫。他希望青年画家描写社会事件，表现社会意义。

　　为达到这一目的，鲁迅提出，应注意基本技术，不以怪炫人。要描写社会现象，必然要描写人，而描写人物所需要的基本功比描写景物、山水、风景等要高得多。他指出，新派画里有人创作的劳动者，手臂很粗，骨骼肌肉，都不合解剖，结果手臂不是粗壮而是肿了。鲁迅反对月份牌上的病态女性，他进一步指出，即使画新女性，也要注意基本技术的锻炼，不然，不但不能显新女性之美，反扬其丑。

　　他批评青年画家崇尚怪异的倾向。他说："欧洲的各个新画派有一个共同倾向，就是崇尚怪异。我国青年画家也好作怪画，造成了画坛的一片混乱。""到了十九世纪，绘画打破了传统技法。新派画摒弃线条，谓之线的解放，形的解放。未来派的理论更为夸大。他们画中所表现的，都是画家观察对象的一刹那的行动记录。如《裙边小狗》《奔马》等都有几十条腿。因为狗和马在奔跑的时候，看去不止四条腿。此说虽有几分道理，毕竟过于夸大了。

这种画法，我以为并非解放，而是解体。因为事实上狗和马等都只有四条腿。所以最近有恢复写实主义的倾向，这是必然的归趋。"

鲁迅还特别强调了绘画和版画的重要性。他说："谁都承认绘画是世界通用的语言。我们要善于利用这种语言，传播我们的思想。版画的好处就在于便于复制，便于传播，所以有益于美术运动。"

鲁迅的这些论述，揭示了中国现代绘画区别于古代绘画的根本特征。

二、重估传统绘画

鲁迅对我国传统绘画非常了解。幼年时期，他就接触过许多画谱。在教育部工作时期，他的职责之一就是主管美术工作，因此有很多机会接触传统绘画。如鲁迅日记1914年4月15日记载："下午至孔社观所列字画。"1917年2月4日记载："往通俗教育研究会茶话会，观所列字画。"后一次会上陈列六朝以来名人书画150余种。

鲁迅在教育部时的几位同事、好友如戴芦舲、钱稻孙、刘立青、陈师曾等，都擅长书画，鲁迅与他们多有往还，加深了他对传统书画艺术的了解。鲁迅日记中有很多记载。如1913年2月15日："前乞戴芦舲画山水一幅，今日持来，又包蝶仙作山水一枚，乃转乞所得者，晴窗披览，仿佛见故乡矣。"2月23日："刘立青来。立青为作山水一幅，是蜀中山，缭以烟云，历二时许始成。"1914年5月14日晚，戴芦舲在家宴请鲁迅等六人，"出示其曾祖文节公画册并王奉常、王椒畦仿古册，皆佳品"。11月22日："午后刘立青来，捉令作画。"

鲁迅与陈师曾的交往更频繁。他们1899年在江南水师学堂相识，1902年一起到日本留学，1909年鲁迅请他为自己和周作人翻译的《域外小说集》题写封面书名，1912年后他们又同在教育部工作。两人对鉴赏书画碑刻古玩有同样的兴趣，他们经常同游琉璃厂和地摊小市，搜寻碑拓古玩，每有所获，怡然自乐。陈师曾还多次为鲁迅写字、作画、刻印，并请鲁迅鉴赏其书画作品。鲁迅收藏的现代书画作品，也以陈师曾为多。据鲁迅日记记载，1914年7月3日："午同陈师曾往钱稻孙寓看画帖。"12月10日："陈师曾为作山水四小帧，又允为作花卉也。"1915年2月2日："午后陈师曾为作冬华四帧持来。"4月8日："托陈师曾写《会稽郡故书杂集》书衣一叶。"6月14日："师曾遗小铜印一枚，文曰'周'。"9月8日："陈师曾刻收藏印成，文六，曰'会稽周氏收藏'。"1916年5月26日："陈师曾赠印一枚，'周树所藏'四字。"1921年1月10日："晴。午后从陈师曾索得画一帧。"等等。陈师曾赠鲁迅的画都是传统题材，有《山水》四小帧，《冬花》四小帧，《山水》一幅等。鲁迅收藏了陈师曾的多幅作品。1923年陈去世后，鲁迅还陆续购藏其画册。

这时，鲁迅还购买了大量中外绘画作品和理论书籍，中国绘画方面有《女史箴图》《李龙眠白描九歌图》《黄子久秋山无尽图卷》《沈石田移竹图》《文徵明潇湘八景册》《龚半千画册》《郑板桥道情墨迹》《罗两峰鬼趣图》《金冬心花果册》《林琴南画册》和《中国名画》等等，几乎囊括了我国历代国画大家。

发展新美术，鲁迅认为最重要的是借鉴西方美术。对国画，鲁迅基本持否定态度。鲁迅在《英译本〈短篇小说选集〉自序》中对中国古代绘画有一个总的评价，他说："中国的诗歌中，有时也说些下层社会的苦痛。但绘画和小说却相反，大抵将他们写得十分幸福，说是'不识不知，顺帝之则'，平和得像花鸟一样。是的，中国的劳苦大众，从知识阶级看来，是和花鸟为一类的。"[1]

这里所谓中国古代绘画，主要应指文人画、山水画。在鲁迅看来，中国古代绘画总体上粉饰太平，对新美术创作意义不大。

对于中国的山水画，鲁迅虽未否定其价值，但更多的是指出其严重缺陷。1932 年 5 月，一位日本友人寄赠鲁迅《唐宋元明名画大观》一函两本，鲁迅认为"缩得太小，选择未精，牛屎式的山水太多，看起来不很令人愉快"。[2] 鲁迅 1935 年 2 月 4 日致李桦信说："我看先生的作品，总觉得《春郊小景集》和《罗浮集》最好，恐怕是为宋元以来的文人的山水画所涵养的结果罢。我以为宋末以后，除了山水，实在没有什么绘画，山水画的发达也到了绝顶，后人无以胜之，即使用了别的手法和工具，虽然可以见得新颖，却难于更加伟大，因为一方面也被题材限制了。"他还进一步阐述说："元人的水墨山水，或者可以说是国粹，但这是不必复兴，而且即使复兴起来，也不会发展的。"

鲁迅在《记苏联版画展览会》中对中国文人画之空疏提出了尖锐批评："我们的绘画，从宋以来就盛行写意，两点是眼，不知是长是圆，一画是鸟，不知是鹰是燕，竟尚高简，变成空虚。"

宋代米芾、米友仁父子的山水画不取工细，自创一种皴法，以笔尖横点而成，称为米点山水，被前人津津乐道。鲁迅在《论旧形式的采用》中认为："米点山水，则毫无用处。""后来的写意画（文人画）有无用处，我此刻不敢确说，恐怕也许还有可用之点的罢。"对写意画的肯定非常有限。

---

[1] 鲁迅全集 7 [M] .411.

[2] 鲁迅全集 13 [M] .533.

出于对国画、油画传统和现状的认识，鲁迅没有把中国现代绘画的希望寄托在这些主流画种上，而是独辟蹊径，提倡木刻、漫画和连环画。因此，鲁迅对中国传统绘画的评价，也以是否有利于这些画种的发展而决定。

从这一立场出发，鲁迅对汉唐石刻画像、唐代的线画、明清的书籍插画和民间年画给予较高的评价。

三、借鉴西方美术

　　借鉴欧洲近现代美术是中国现代美术发展的必由之路。鲁迅并非美术专家，他不可能系统研究欧洲近现代美术。他对欧洲美术的态度完全是为我所用，看其是否有利于思想革命，是否有利于新美术的发展。

　　留学日本时期，鲁迅曾计划创办杂志《新生》，介绍英国画家华兹及其作品《希望》，俄国画家魏列夏庚及其作品《英国军队屠杀印度革命者》等，没有成功。回国以后，鲁迅继续关注西方美术的最新动态。1912 年 7 月 11 日鲁迅日记记载："夜读高庚所著书（指《Noa,Noa》，即《诺阿，诺阿》，高更的塔希提岛生活散记），以为甚美；此外典籍之涉及印象宗者，亦渴欲见之。"同年 8 月 16 日，他收到了时在日本的周作人为他购买的凡·高的德文版《书信集》。一年以后的 1913 年 8 月 8 日，他从日本邮购了德文版的《印象画派述》。另外，他还购买了德文版的《美术与国民教育》《美术论》《近世造型美术》和《近世画人传》等。

　　五四时期，鲁迅在论及讽刺画时介绍了美国画家勃拉特来及其《秋收时之月》。勃拉特来（L.D.Bradlev 1853 — 1917）专画讽刺画，关于第一次世界大战的画尤其有名。他的《秋收时之月》（*The Harvest Moon*），画一个形如骷髅的月亮，照着荒田；田里一排一排的都是士兵的尸体。鲁迅说："这才算得真的进步的美术家的讽刺画。我希望将来中国也能有一日，出这样一个进步的讽刺画家。"[1]在鲁迅看来，讽刺画家要有进步的思想和高尚的人格，出于公心，向社会的不平和黑暗发起攻击，而不是思想守旧，讽刺新事物，或出于个人恩怨，进行人身攻击。

1928年，鲁迅翻译了《近代美术史潮论》。这是一部系统介绍法国大革命以来欧洲美术发展历史的专著，插图丰富，达140余幅，对认识西方美术很有帮助。

与此同时，鲁迅开始提倡无产阶级文艺，提倡大众文艺。鲁迅坚持现实主义创作道路，希望用文艺作品反映人民大众的生活，唤起民众的觉醒。他领导左翼美术运动，大力提倡新兴版画，以及漫画、年画、连环画等，紧密结合现实，在内容和形式上进行了全面革新，具有鲜明的战斗性和群众性，在三十年代及以后产生了深远的影响。

对西方新兴版画的介绍集中体现了鲁迅的美术思想。他说："新的木刻是刚健分明，是新的青年的艺术，是好的大众的艺术。"[2]他重点介绍的苏联版画、凯绥·珂勒惠支版画，对中国美术的现代转型起到了巨大的推动作用。

连环画直观易懂，是一种非常普及的大众文艺形式。但当时的连环画技术幼稚，内容庸俗，充斥着妖魔鬼怪、仙人侠客和封建迷信。有人甚至认为，它不是艺术。鲁迅连续发表了《"连环图画"辩护》《连环图画琐谈》《论"旧形式的采用"》《论第三种人》

[1] 鲁迅全集1[M].346—347.

[2] 鲁迅全集8[M].406.

等文章，阐明自己的观点。他在《"连环图画"辩护》中明确指出，连环画为大众所需要，是一种重要的艺术形式。他说："书籍的插画，原意是在装饰书籍，增加读者的兴趣的，但那力量，能补助文字之所不及，所以也是一种宣传画。这种画的幅数极多的时候，即能只靠图像，悟到文字的内容，和文字一分开，也就成了独立的连环图画。最显著的例子是法国的陀莱（Gustave Doré），他是插图版画的名家，最有名的是《神曲》，《失乐园》，《吉诃德先生》，还有《十字军记》的插图，德国都有单印本（前二种在日本也有印本），只靠略解，即可以知道本书的梗概。然而有谁说陀莱不是艺术家呢？"他还说："宋人的《唐风图》和《耕织图》，现在还可找到印本和石刻；至于仇英的《飞燕外传图》和《会真记图》，则翻印本就在文明书局发卖的。凡这些，也都是当时和现在的艺术品。"

所以，他认为，前进的艺术家应该引导大众，引导连环画创作，可以采取旧形式，力求通俗易懂。他在《论"旧形式的采用"》中具体阐述道："我们有艺术史，而且生在中国，即必须翻开中国的艺术史来。采取什么呢？我想，唐以前的真迹，我们无从目睹了，但还能知道大抵以故事为题材，这是可以取法的；在唐，可取佛画的灿烂，线画的空实和明快，宋的院画，萎靡柔媚之处当舍，周密不苟之处是可取的，米点山水，则毫无用处。后来的写意画（文人画）有无用处，我此刻不敢确说，恐怕也许还有可用之点的罢。"

他强调，连环画应尽量用传统画法，让人民大众易懂爱看。在私人通信中，鲁迅也多次提出对连环画改革的意见。1933 年 8

月1日，他在致何家骏、陈企霞信中更简明扼要地指出：

> 一，材料，要取中国历史上的，人物是大众知道的人物，但事迹却不妨有所更改。旧小说也好，例如《白蛇传》（一名《义妖传》）就很好，但有些地方须加增（如百折不回之勇气），有些地方须削弱（如报私恩及为自己而水满金山等）。

> 二，画法，用中国旧法。花纸，旧小说之绣像，吴友如之画报，皆可参考，取其优点而改去其劣点。不可用现在之印象画法之类，专重明暗之木版画亦不可用，以素描（线画）为宜。总之：是要毫无观赏艺术的训练的人，也看得懂，而且一目了然。

> 还有必须注意的，是不可堕入知识阶级以为非艺术而大众仍不能懂（因而不要看）的绝路里。

鲁迅重视连环图画这一普及形式，重视文艺读物的教育作用。他除了撰文阐述连环画的作用外，还支持良友公司出版麦绥莱勒创作的《木刻连环图画故事》，为其中的一本《一个人的受难》作序，并为全部25幅图画一一做了说明。1934年夏，他曾建议良友公司编辑赵家璧设法打进旧连环画出版商的圈子，找一两位有进步要求的旧连环画画家，给他们提供新内容的文字脚本，以便"挤掉一些陈腐的劳什子"。可惜限于当时的社会条件，未能成功。

漫画也是当时一种富于战斗性的文艺形式，受到普遍重视。早在1925年，鲁迅翻译了日本文艺理论家厨川白村的《出了象牙之塔》，其中就有一篇《为艺术的漫画》，简明扼要地介绍了漫画的特点、欧洲漫画的历史和漫画的欣赏。他认为漫画的本质是人生的批评，而外表是笑，那手法是夸张。"譬如抓着或一人物或者事件，要来描写的时候罢，如果但将那特征夸大起来，而省略别的一切，则无论用言语，或用画笔，那结果一定应该成为漫画。""倘不是笑里有泪，有义愤，有公愤，而且有锐敏的深刻痛烈的对于人生的观照，则称为漫画的这一种艺术，是不能成功的。"

1935年，鲁迅撰写了《漫谈"漫画"》，认为：

> 漫画的第一件紧要事是诚实，要确切的显示了事件或人物的姿态，也就是精神。……漫画要使人一目了然，所以那最普通的方法是"夸张"，但又不是胡闹。无缘无故的将所攻击或暴露的对象画作一头驴，恰如拍马家将所拍的对象做成一个神一样，是毫没有效果的，假如那对象其实并无驴气息或神气息。然而如果真有些驴气息，那就糟了，从此之后，越看越像，比读一本做得很厚的传记还明白。关于事件的漫画，也一样的。所以漫画虽然有夸张，却还是要诚实。……因为真实，所以也有力。

鲁迅认为，漫画因为具有讽刺性和战斗性，在中国难以生存。他说，欧洲先前的漫画也多是讽刺那些无拳无勇的无告者，用他们的可笑，衬出雅人们的完全和高尚来。所以，鲁迅特别称赞敢于将矛头对准上等人的西班牙画家戈雅、法国画家陀密埃（即杜米埃）和德国画家格罗斯。乔治·格罗斯是德国表现主义艺术家，他用简约的线条和夸张的形象对独裁、腐败、战争等进行无情的揭露和嘲讽，画风冷酷、尖锐，具有挑衅性。"欧洲大战时候，大家用毒瓦斯来打仗，他曾画了一幅讽刺画，给钉在十字架上的耶稣的嘴上，也蒙上一个避毒的嘴套，于是很受了一场罚，也是有名的事，至今还颇有些人记得的。"[1]

1935年，浙江有一位作家、画家胡考在上海从事美术工作，创作了连环画《尤三姐》《西厢记》等，鲁迅给予较高的评价，认为作品"神情生动，线条也很精练"。鲁迅建议作者向漫画方面发展。他说："如用这画法于攻打偶像，使之漫画化，就更有意义而且更开阔。"[2]表现了鲁迅一贯的思想革命精神，也表现了鲁迅对漫画及其作用的高度重视。

鲁迅还介绍里维拉及其壁画。因为里维拉的壁画具有广泛的群众性，是大众艺术。里维拉（1886—1957），鲁迅译为理惠拉，墨西哥画家，墨西哥壁画运动重要成员之一。长期在西欧学画，二十岁后，往来于法国，西班牙和意大利，很受印象派、立体派，以及文艺复兴前期的壁画家的影响。回国后，支持农工运动，宣言"与民众同在"，成了著名的壁画家。里维拉以为壁画最能尽社会的责任。因为壁画大都画在公共建筑的壁上，是属于大众的。其主要作品有《人——世界的主人》《大地的母亲》等。

鲁迅一直重视儿童问题和儿童美术。鲁迅幼时性格活泼，好奇心强，同时也深受封建教育之苦。所以，鲁迅终生关注儿童问

[1] 鲁迅全集4[M].157.
[2] 鲁迅全集13[M].425.

题。与一般儿童一样，鲁迅小时喜欢游戏。他曾与周作人表演过兄弟失散、打败贺家武秀才和人与巨人、山羊斗法的游戏，他们一起购买、阅读各类画书，非常了解儿童的天性，也了解封建教育对儿童天性的压抑和扼杀。

早在日本留学时期，他们就关注儿童问题，特别是儿童教育与儿童文学。周作人在日本时就得到了高岛平三郎编的《歌咏的儿童文学》及其所著的《儿童研究》。民国初年，周作人写了《儿歌之研究》《童话略论》《童话之研究》，其中有几篇就是由鲁迅推荐，发表在《教育部编纂处月刊》上。五四时期，周作人又写过《儿童文学》等，还出版了一本小册子《儿童文学小论》。

在教育部工作初期，鲁迅与同事们组织了全国儿童艺术展览会，翻译了日本学者的论文《儿童之好奇心》。1911 年，他的第一篇小说《怀旧》，以儿童的视角描写辛亥革命给一个闭塞的江南小镇带来的震动。其中儿童的天真和私塾先生的迂腐描写得尤为生动。鲁迅的第一篇白话小说《狂人日记》揭露了礼教吃人的本质，礼教对儿童的摧残，显示了鲁迅思想的深刻。鲁迅将希望寄托于孩子，发出了"救救孩子"的呐喊。他于 1918 年 9 月发表的第一篇"随感录"中也谈到孩子问题。他慨叹中国人对孩子只管生，不管教育，希望中国的父亲们"生了孩子，还要想怎样教育，才能使这生下来的孩子，将来成一个完全的人"。鲁迅撰写了长篇论文《我们现在怎样做父亲》，提出："自己背着因袭的重担，肩住了黑暗的闸门，放他们到宽阔光明的地方去；此后幸福的度日，合理的做人。"

1919 年，鲁迅在北京购置八道湾大宅一所，将母亲和兄弟们及其子女都接过来。此宅不但房间多，而且空地宽阔，宜于儿童游玩。

此后，鲁迅经常撰文探讨儿童问题，如《从孩子的照相说起》《难答的问题》《登错的文章》《上海的儿童》《看图识字》等，他的小说《鸭的喜剧》《兔和猫》《故乡》《社戏》《孤独者》，散文《从百草园到三味书屋》《阿长与〈山海经〉》《二十四孝图》《父亲的病》《五猖会》，散文诗《风筝》等，都表现了对儿童问题的关注。他还翻译了诸多儿童文学作品如《桃色的云》《爱罗先珂童话集》《表》《小约翰》《坏孩子和别的奇闻》《俄罗斯童话》等，其中不少还插入了精美的插图。

儿童美术是鲁迅关注儿童问题和绘画问题的结合点。在《二十四孝图》中，鲁迅对其中某些不合常理的内容给予深刻批判。《看图识字》则通过对儿童图画书的分析，批评中国儿童教育中存在的问题。鲁迅指出："现在总算中国也有印给儿童看的画本了，其中的主角自然是儿童，然而画中人物，大抵倘不是带着横暴冥顽的气味，甚而至于流氓模样的，过度的恶作剧的顽童，就是钩头耸背，低眉顺眼，一副死板板的脸相的所谓'好孩子'。这虽然由于画家本领的欠缺，但也是取儿童为范本的，而从此又以作供给儿童仿效的范本。我们试一看别国的儿童画罢，英国沉着，德国粗豪，俄国雄厚，法国漂亮，日本聪明，都没有一点中国似的衰惫的气象。观民风是不但可以由诗文，也可以由图画，而且可以由不为人们所重的儿童画的。"[1]他希望美术家们多给孩子们提

[1] 鲁迅全集 4 [M]. 580—581.

供一些健康向上的美术作品。

　　鲁迅的艺术视野非常开阔，他在大力介绍现实主义美术的同时，也介绍了深刻纤细的比亚兹莱、温婉秀美的蕗谷虹儿。他非常欣赏后期印象派画家凡·高、高更，对蒙克及表现主义艺术更是情有独钟。他翻译了日本学者介绍表现主义的论文，对该派的特征进行了精辟的阐述。他给予极高评价的凯绥·珂勒惠支，也有鲜明的表现主义色彩，有人甚至把她列入表现主义画家。受此影响，那时中国的青年木刻家，眼界也比较开阔，借鉴了西方现代派的诸多艺术手法。

　　对于西方美术，鲁迅并非全盘肯定。对于十九世纪末的各种现代派绘画及其在中国的负面影响，鲁迅多有批评。他说："盖中国艺术家，一向喜欢介绍欧洲十九世纪末之怪画，一怪，既便于胡为，于是畸形怪相，遂弥漫于画苑。而别一派，则以为凡革命艺术，都应大刀阔斧，乱砍乱劈，凶眼睛，大拳头，不然，即是贵族。我这回之印《引玉集》，大半是供此派诸公之参考的，其中多少认真，精密，那有仗着'天才'一挥而就的作品，倘有影响，则幸也。"[1]

————————
[1]　鲁迅全集 13 [M].133.

四、促进中国美术的现代转型

　　鲁迅对中国近现代绘画非常关注，多有评说。虽说并不系统，但能从中看出鲁迅鲜明的价值取向和他在中国美术的现代转型中所发挥的重要作用。

　　吴昌硕（1844—1927）被认为是我国近、现代之交的一位重要画家，工诗书画印，他以杰出的艺术成就和享年八十余岁的长久的艺术生命，成为中国绘画由古代向近现代过渡的重要人物。他突破了传统书画长期形成的温文尔雅的书卷气和清淡简远的隐逸气，而代之以雄强老辣的金石气、霸悍气，色彩大红大绿，铺张扬厉。他画的紫藤回环盘曲，笔墨浑厚，具有强烈的视觉冲击力，标志着中国书画开始由封建文人的怡悦性情、孤芳自赏走向动荡的现代社会和世俗人生。但他在题材方面并没有多少新的开拓，依然是传统的花花草草，如梅、兰、竹、菊、紫藤、松柏等。他更多是一位传统派的画家，而非开一代风气的画家。

　　当鲁迅参加新文化运动时，吴昌硕已年逾古稀，名满天下。鲁迅并未对他进行专门评论，但从片言只语中，我们发现，鲁迅对他评价并不高。如在杂文《论照相之类》中，鲁迅不无讽刺地说："假使吴昌硕翁的刻印章也算雕刻家，加以作画的润格如是之贵，则在中国确是一位艺术家了，但他的照相我们看不见。"[1]

对近代上海洋场画家吴友如，鲁迅多次予以评说，基本是毁
誉参半：称赞其对洋场的熟悉和生动描绘，批评其"油滑"和对
后世的不良影响。吴友如（？—约1893）先在苏州画年画，后到
上海主绘《点石斋画报》，还为许多小说画绣像，影响很大，其作
品曾汇集为《吴友如墨宝》。鲁迅评论道："他于历史画其实是不
大相宜的；他久居上海的租界里，耳濡目染，最擅长的倒在作'恶
鸨虐妓'，'流氓拆梢'一类的时事画，那真是勃勃有生气，令人
在纸上看出上海的洋场来。但影响殊不佳，近来许多小说和儿童
读物的插画中，往往将一切女性画成妓女样，一切孩童都画得像
一个小流氓，大半就因为太看了他的画本的缘故。"[2]1934年4月
3日鲁迅致美术青年魏猛克说："中国旧书上的插画，我以为可以
采用之处甚多，但倘非常逛旧书店，不易遇到。又，清朝末年有
吴友如，是画上海流氓和妓女的好手。前几年印有《友如墨宝》，
不知曾见过否？"同年4月9日又致信魏猛克说："学吴友如画的
危险，是在只取了他的油滑，他印《画报》，每月大约要画四五十
张，都是用药水画在特种的纸张上，直接上石的，不用照像。因
为多画，所以后来就油滑了，但可取的是他观察的精细，不过也
只以洋场上的事情为限，对于农村就不行。"

鲁迅对中国现代早期的几位国画大家都比较熟悉。

陈师曾（1876—1923）是中国现代早期国画大家，是鲁迅的
同事和挚友。他出身书香世家，山水、花鸟、人物兼擅，诗书画

[1]　鲁迅全集1[M].196.
[2]　鲁迅全集2[M].338.

陈师曾《幽篁古木》

印皆精，精通中西画论，对国画的发展有独到的见解，是当时公认的书画篆刻大家，是民国初年北京画坛的领袖人物。他曾创作了一套《北京风俗图》，用速写和漫画的笔法描写北京的风土人情和下层社会，有赶车的、算命的、说书的、玩鸟的、拉骆驼的、卖糖葫芦的，极富生活气息，是对国画题材的重要突破。但总体上看，他的作品仍以山水、花卉为多。他著有《中国绘画史》和《文人画之价值》等论文，对中国画的价值有独到的认识和阐发，其中云："所贵乎艺术者，即在陶写性灵，发表个性与其感想。"[1] 在当时具有重要的理论意义。

对于陈师曾的书画篆刻艺术，鲁迅非常看重。1933 年编印

---

[1] 陈师曾.中国绘画史[M].杭州：浙江古籍出版社，2012：114.

《北平笺谱》时，鲁迅选用了陈师曾的山水、花鸟等画笺三十二幅，并给予很高的评价。他说："义宁陈君师曾入北京，初为镌铜者作墨合，镇纸画稿，俾其雕镂；既成拓墨，雅趣盎然。不久复廓其技于笺纸，才华蓬勃，笔简意饶，且又顾及刻工省其奏刀之困，而诗笺乃开一新境。盖至是而画师梓人，神志暗会，同力合作，遂越前修矣。"[1]

1924 年 5 月 2 日，鲁迅到中央公园观看中日绘画展览会，其中展出了北京画界同志会齐白石、陈半丁、王梦白等人的作品。齐白石的画，将传统国画的笔墨情趣发挥到了极致，既有文人的雅趣，又有农民的质朴，简洁明快，生意盎然，成为传统派的一代宗师。但他画的题材大都是山水、花鸟、草虫、动物、神仙、仕女等，很难说有什么重大社会意义。

在鲁迅看来，陈师曾、齐白石等国画家基本上是传统派画家，鲁迅只对其笺纸给予很高的评价，说："陈师曾齐白石所作诸笺，其刻法已在日本木刻专家之上。"[2] 但鲁迅认为，这只是"小品艺术之旧苑"，[3] 而非新艺术之开山。

以鲁迅的价值取向，他对中国现代另几位美术大家评价也不高。徐悲鸿、刘海粟、林风眠等都在弘扬传统、中西融合方面进行过有益的探索，取得了突出的成就。徐悲鸿致力于引进西方的油画，又力主以西方的写实主义精神改造中国画，在相当一个时期成为中国美术界的主流和代表。但他的作品大都是借古喻今、

---

[1] 鲁迅全集 7 [M].427—428.

[2] 鲁迅全集 12 [M].366.

[3] 鲁迅全集 7 [M].428.

借物喻人，直接取材于现实生活的并不多。他最擅长画的奔马达到了他人难以企及的高度，但也不以现代社会为题材。刘海粟在国画中加入油画般的鲜明色彩，强烈而有力。林风眠调和中西，在国画中借鉴西方现代绘画的造型和构成手法，和谐宁静，深得中和之美。他们的成就代表了中国现代绘画的高度和水平。但他们所画的题材仍然大都是花鸟山水，风景静物、人体肖像等。

　　鲁迅对林风眠比较熟悉且有一定的交往。1926 年 3 月，时任北京国立艺术专门学校校长林风眠举办了为期一周的个人绘画展。这是林风眠从法国归来后举行的一次画展，展出作品四十幅，有《摸索》《生之欲》《恶夜》《渔归》《金色的颤动》等作品。鲁迅曾于 3 月 15 日前去观看。林风眠还为鲁迅编辑的诗集《君山》画过封面画。1927 年，林风眠等组织举行了艺术大会，声势浩大。他们提出要打倒传统艺术、贵族艺术，提倡时代艺术、民众艺术、走向十字街头的艺术，在社会上产生了较大的影响。1928 年 2 月 29 日，林风眠还宴请过鲁迅。但鲁迅并未对林风眠做公开的评价。林风眠就任杭州国立艺术院院长后举办画展，有人写文章对其称颂过度，鲁迅很不以为然。

　　鲁迅对刘海粟、徐悲鸿的评价就更一般。1933 年 11 月 16 日鲁迅在致吴渤的信中说："'刘大师'"的那一个展览会，我没有去看，但从报上，知道是由他包办的，包办如何能好呢？听说内容全是'国画'，现在的'国画'，一定是贫乏的，但因为欧洲人没有看惯，莫名其妙，所以这回也许要'载誉归来'，像徐悲鸿之在法国一样。"

　　"刘大师"即刘海粟，他与徐悲鸿都是我国现代杰出画家、美术教育家，是我国二十世纪二三十年代在国内外影响最大的画家，多次赴欧洲学习、考察、讲学、举办个人画展，在国外宣传中国绘画，轰动一时。他们的作品以肖像、人体、风景、山水为主。1934年刘海粟与徐悲鸿又先后赴欧洲举办中国画展。报纸上宣传道："我国美术名家刘海粟徐悲鸿等近在苏俄莫斯科举行中国书画展览会，深得彼邦人士极力赞美，揄扬我国之书画名作，切合苏俄正在盛行之象征主义作品。"对此，鲁迅很不以为然，立即著文驳斥了这一观点。他说："倘说：中国画和印象主义有一脉相通，那倒还说得下去的，现在以为'切合苏俄正在盛行之象征主义'，却未免近于梦话。半枝紫藤，一株松树，一个老虎，几匹麻雀，有些确乎是不像真的，但那是因为画不像的缘故，何尝'象征'着别的什么呢？"[1]又说："中国的环境，与艺术最不利，青年竟无法看见一幅欧美名画的原作，都在摸暗弄堂，要有杰出的作家，恐怕是很难的。至于有力游历外国的'大师'之流，他却只在为自己个人吹打，岂不可叹。"[2]

《长恨歌画意》是画家李毅士根据唐代诗人白居易《长恨歌》创作的连环画，共30帧，以西画写实手法表现中国古典题材，独特而新颖。作品1929年参加第一次全国美展，1932年中华书局出版单行本，由当时的社会名流吴敬恒、蔡元培、于右任等题字或作序，前后印行9次，影响甚大。但鲁迅批评其场景不合历史事实，认为其中的"人物屋宇器物，实乃广东饭馆与'梅郎'之流耳"。[3]

［1］ 鲁迅全集5［M］.514—515.
［2］ 鲁迅全集13［M］.48.
［3］ 同［2］.

他批评常书鸿所画之《裸女》:"看去仿佛当胸有特大之乳房一枚,倘是真的人,如此者是不常见的。"[1]

鲁迅不是专业美术理论家和美术史家,他不可能对中外美术家有全面系统的论述。但鲁迅有很高的艺术境界和犀利的艺术眼光,他通过选择、评论有限的对象而阐发具有普遍指导意义的极为深刻的艺术观点,可谓单刀直入,切中要害。他对陶元庆和司徒乔的评论就集中体现了这一特点。

陶元庆是五四后的优秀画家,以为鲁迅的译、著绘制封面而著名。但他更沉迷于油画。1925年3月19日,他在北京帝王庙举办绘画展,鲁迅两次前往参观。为陶元庆的画展撰写《〈陶元庆氏西洋绘画展览会目录〉序》,推许其艺术。此文后收入《集外集拾遗》。1927年12月,陶元庆又在上海举办画展,鲁迅作《当陶元庆君的绘画展览时》,收入《而已集》。两篇文章的观点一脉相承又有所发展。在后一文章中,他将陶元庆的绘画特点总结为"新的形""新的色"、时代性、"民族性":

> 他以新的形,尤其是新的色来写出他自己的世界,而其中仍有中国向来的魂灵——要字面免得流于玄虚,则就是:民族性。……陶元庆君的绘画……内外两面,都和世界的时代思潮合流,而又并未梏亡中国的民族性。他并非"之乎者也",因为用的是新的形和新的色;而又不是"Yes""No",因为他究竟是中国人。所以,用密

---

[1] 鲁迅全集13[M].133.

司徒乔画《五个警察一个〇》，1926 年

达尺来量，是不对的，但也不能用什么汉朝的虑俿尺或
清朝的营造尺，因为他又已经是现今的人。我想，必须
用存在于现今想要参与世界上的事业的中国人的心里的
尺来量，这才懂得他的艺术。

在这里，鲁迅提出的不仅是评价陶元庆作品的标准，也是评
价中国现代美术、现代文艺的标准，即"必须用存在于现今想要
参与世界上的事业的中国人的心里的尺来量"。

鲁迅重点评价的第二位画家是司徒乔。司徒乔（1902—
1958），广东开平人，曾就读于广州教会学校，并在这里获得了平
等博爱的观念。他同情弱者，同情穷人。1924 年至 1926 年就读于

燕京大学神学院，作品曾入选万国美术展览会。他住在北京一间简陋的民房里作画，画的大都是社会底层的人物如乞丐、难民和老头儿，他甚至把这些人请到家里去做模特儿。1926 年 6 月，他在北京中央公园（今中山公园）水榭举行绘画展，展出作品 70 余幅。鲁迅观看了展览并买下了他的两幅作品，其中一幅是速写作品《五个警察一个〇》，描写五个警察手持棍棒，粗暴推拉一名孕妇和她的孩子。此画一直挂在鲁迅在北京寓所的客厅里。另一幅是水彩画《馒头店前》，画一个穷苦瘦削的老人，在初冬的早晨，走过馒头店门前，刚出笼的馒头热气腾腾，香气扑鼻，但饥饿的老人却只好朝着深深的胡同走去，表现了对底层民众的深切同情。

1928 年 2 月 4 日，鲁迅与司徒乔在上海第一次见面。3 月 13 日，鲁迅往司徒乔的画室观看其作品。3 月 14 日，鲁迅写了评论《看司徒乔君的画》。3 月 21 日，鲁迅又去参观司徒乔绘画展览会，定购了两幅作品。在评论中，鲁迅表达了崇尚"倔强的魂灵"、崇尚"战斗"精神的艺术思想。他说：

> 我知道司徒乔君的姓名还在四五年前，那时是在北京，知道他不管功课，不寻导师，以他自己的力，终日在画古庙，土山，破屋，穷人，乞丐……
>
> 这些自然应该最会打动南来的游子的心。在黄埃漫天的人间，一切都成土色，人于是和天然争斗，深红和绀碧的栋宇，白石的栏干，金的佛像，肥厚的棉袄，紫糖色脸，深而多的脸上的皱纹……凡这些，都在表示人们对于天然并不降服，还在争斗。

在北京的展览会里，我已经见过作者表示了中国人的这样的对于天然的倔强的魂灵。

后来所作的爽朗的江浙风景，热烈的广东风景，倒是作者的本色。和北方风景相对照，可以知道他挥写之际，盖谙熟而高兴，如逢久别的故人。但我却爱看黄埃，因为由此可见这抱着明丽之心的作者，怎样为人和天然的苦斗的古战场所惊，而自己也参加了战斗。

鲁迅是浙江人，但鲁迅却不喜欢南方的小巧玲珑，而欣赏北方的深沉博大。他曾说："我不爱江南。秀气是秀气的，但小气。"[1]

1928 年，司徒乔赴法国留学，师从写实主义大师比鲁。抗战爆发前后，他创作了广为传颂的反映抗战和民众疾苦的作品《放下你的鞭子》《五省灾民图》《梧州难民图》等。

鲁迅对中国现代绘画的理想还体现在他为中国现代木刻集和木刻展览会、为苏联版画集和珂勒惠支版画集所写的序言中。他赞扬珂勒惠支"以深广的慈母之爱，为一切被侮辱和损害者悲哀，抗议，愤怒，斗争"，[2] 他赞扬苏联版画："它真挚，却非固执，美丽，却非淫艳，愉快，却非狂欢，有力，却非粗暴；但又不是静止的，它令人觉得一种震动——这震动，恰如坚实的步法，一步一步，踏着坚实的广大的黑土进向建设的路的大队友军的足音。"[3]

在鲁迅的领导下，木刻成为最具时代性最能表现中国现代社

[1]　鲁迅全集 13 [M].532.

[2]　鲁迅全集 6 [M].487—488.

[3]　鲁迅全集 6 [M].500.

会的艺术。

1936 年 11 月，鲁迅逝世仅一个月，江丰、陈烟桥、沃渣、力群、郑野夫、黄新波等发起成立上海木刻作者协会，并发表宣言：

> 中国新兴的木刻，在黑暗与污浊中发芽，在侮蔑与冷嘲里抽苗，在屠杀与践踏之下壮大——它壮大起来了。
>
> 所以中国新兴的木刻，一开始，它就是在斗争的。七年以来，由于我们的伟大的鲁迅先生之领导，由于从事木刻同志们的血的洗礼，和自身的艰苦的工作，我们一天也没有忘记过自己的任务：斗争——与黑暗和强暴相搏斗。
>
> ……
>
> 可是在最近，鲁迅先生突然辞世了。我们失去了最好的指导者，最勤快的介绍者。对于他的死，我们刻木刻的青年，比任何人感到更深切的悲痛。但一方面也就觉到我们的责任的重大了。为了将沦于奴隶之苦的大众们，为了实践鲁迅先生的遗言，为了木刻本身的前途，我们有立刻携手的必要。
>
> 我们愿意凡是从事木刻的人，都参加到我们的集团里来；来增加我们的力量，来一同推动中国的木刻运动，来与黑暗和强暴相搏斗。[1]

---

[1] 上海木刻作者协会成立宣言 [J]. 小说家，第 1 卷第 2 期，1936：155—156.

抗日战争爆发后，中国现代美术家与全国人民一道，经历了战火的洗礼，也经历了人生和艺术的巨变。木刻和漫画继承鲁迅传统，迅速适应抗战的新形势，宣传抗日救亡，成为抗战美术的急先锋。国画、油画等由于受历史传统、动荡局势、物质条件和绘画材料的影响，发展受到很大限制。但绝大多数美术家都在抗战和流亡中真正深入中国社会底层，从现实中汲取力量，汲取灵感，创作出反映现实生活的无愧于时代的杰作，其中有木刻、漫画、年画，也有国画、油画。这其中的代表是赵望云、蒋兆和、李桦、王式廓和古元等。

赵望云受五四新文化思潮影响，决意摒弃模山范水的国画传统，直接描绘现实人生，以中国农民的现实生活为题材，真实地反映了抗日战争前后中国农民的苦难，被誉为平民画家；蒋兆和也以国画人物而著称，他笔下的人物不再是传统的达官贵人、文人雅士或牧童老翁，而是中国现代社会的底层大众，他的《流民图》以巨幅的画卷，等人大小的形象，描写了沦陷区人民的苦难与悲愤，表现了二十世纪中国国画人物的成就、高度和力量；李桦的木刻进一步走向成熟、大气，他的《怒潮组画》画面虽小，但就其内容和表现力而言，却是具有纪念碑意义的作品；王式廓和古元深入生活，学习民族民间文艺，创作出一批反映现实生活的为群众所喜闻乐见的美术作品，具有浓郁的乡土气息、鲜明的地域特色和独特的民族风格，得到徐悲鸿的高度评价。

对于鲁迅在中国美术现代转型中的地位和作用，著名老画家黄永玉说：

我有幸在鲁迅先生提倡而发扬光大的进步木刻艺术中成长、度过了漫长的一生。从青年时代起，习艺和文化上的领悟对我教益最多的都是鲁迅先生当年的学生和战友。木刻界的前辈有野夫、李桦、陈烟桥、黄新波……我深切体会到'哺育'二字的意义。[1]

当代著名画家、美术理论家陈丹青的论述更为精辟，他说：

在我能够读到的民国美术文献中，鲁迅是一位独具眼光的鉴赏家，也是富有洞察力和说服力的议论家，更是当年前卫美术的卓越推动者和襄助人。

他所看重的小青年，如陶元庆、司徒乔、罗清桢、李雾城等等，日后都被证明是民国年间的杰出画家，不逊于同期的名流。

过去百年的文艺家，鲁迅是罕见的一个人，从来不相信系统，而通达历史，从来不轻用术语，却开口就咬住问题。……我在鲁迅的言说中所能学到的，远远多于'五四'迄今所有著名文论家的教益。

这样一位自称门外汉的美术爱好者的美术贡献，依我看，却比民国年代顶著名的美术海归派更超前、更有品质、更富草根性，更经得起时间的考验。[2]

[1] 黄永玉.《鲁迅的艺术世界》代序二［M］//周令飞主编，王锡荣编纂.鲁迅的艺术世界.南京：江苏文艺出版社，2009.
[2] 陈丹青.笑谈大先生［M］.桂林：广西师范大学出版社，2011：143—144.

附　录

鲁迅年表

1881—1898　在绍兴

1881 年　1 岁

9 月 25 日（夏历八月初三）生于浙江绍兴城内东昌坊口周家。名樟寿，字豫山（后改名树人，字豫才）。1918 年始用笔名鲁迅。

1887 年　7 岁

是年入塾，从叔祖周玉田读《鉴略》，并从他那里知道了《山海经》等图画书，激发了美术兴趣。

1892 年　12 岁

入三味书屋读书，接受传统教育，塾师寿镜吾。在塾中，于写字读书外，喜影描《荡寇志》《西游记》绣像，并搜集图画书。

鲁迅母亲鲁瑞，家在绍兴农村。鲁迅幼时常随母亲前往，了解了农民和农村生活，对他的思想创作影响甚大。

1893 年　13 岁

秋，祖父周福清因科场舞弊案入狱，家里变卖田产等营救。鲁迅避难于亲戚家，深切感受到世态炎凉。

1894 年　14 岁

春，仍回三味书屋读书。冬，父亲周凤仪病重。为了给父亲治病，鲁迅常出入于当铺和药店。

1896 年　16 岁

10 月 12 日（夏历九月初六）父亲病逝，终年 37 岁。从此，家境益艰。

1898—1912　在南京、日本、绍兴

1898 年　18 岁

5 月，往南京，考入江南水师学堂。10 月，改入江南陆师学堂附设的矿务铁路学堂（简称"矿路学堂"）。

1899 年　19 岁

在矿务铁路学堂读书。开始接触维新变法思想，阅读西方文学和西方自然、社会科学书籍。

1902 年　22 岁

1 月从矿务铁路学堂毕业，由江南督练公所派赴日本留学。4 月抵东京，入弘文学院学习。课余参加中国留日人士的革命活动。喜读文学与文艺书籍，尤注意人性与国民性问题。

1903 年　23 岁

剪去发辫，摄"断发照"，题七绝诗（灵台无计逃神矢）一首于背面，赠许寿裳。开始著、译活动，为《浙江潮》杂志撰文，翻译出版科学小说《月界旅行》等。

1904 年　24 岁

9 月，入仙台医学专门学校学医。

1906 年　26 岁

课间看到日俄战争中日本兵杀害中国人的幻灯片，深受刺激，决定弃医从文，以文艺改造国民的精神。3 月从仙台医学专门学校退学，到东京与许寿裳等商讨从事文艺运动。夏秋间，奉母命回国与绍兴府山阴朱安女士完婚。

1907 年　27 岁

夏，拟创办文艺杂志《新生》未果。在河南留日学生主办的刊物《河南》月刊发表《人之历史》。

1908 年　28 岁

在《河南》发表《摩罗诗力说》《科学史教篇》《文化偏至论》等。与许寿裳、周作人等从章太炎学习文字学。

1909 年　29 岁

与周作人合译的《域外小说集》二册出版。

8 月从日本回国，在杭州任浙江两级师范学堂生理学化学教员。

1910 年　30 岁

任绍兴府中学堂教员及监学。课余辑录古小说及乡邦文献。

1911 年　31 岁

辛亥革命爆发，绍兴军政分府成立。任浙江山会初级师范学堂监督，支持进步文学团体"越社"创办《越铎日报》，写成文言短篇小说《怀旧》，两年后发表于《小说月报》。

1912—1927　在北京、厦门、广州

1912 年　32 岁

1 月，中华民国临时政府成立于南京。2 月，应教育总长蔡元培之邀，到南京任教育部部员。5 月，随教育部迁北京，住宣武门外南半截胡同绍兴会馆。8 月，任教育部佥事、教育部社会教育司第一科科长。在教育部主办的夏期演讲会作题为《美术略论》的演讲。公余开始大量购阅古籍、画册，辑校古书。

1913 年　33 岁

发表《儗播布美术意见书》，翻译日本学者关于艺术和教育的论文。公余校《嵇康集》。

1914 年　34 岁

大量购阅、研究佛经。

1915 年　35 岁

辑成《会稽郡故书杂集》一册，用二弟周作人名印行。公余搜集并研究金石拓本，尤重汉代画像及六朝造像。

1916 年　36 岁

仍搜集研究造像及墓志拓本。

1917 年　37 岁

仍搜集研究拓本。

1918 年　38 岁

5 月，小说《狂人日记》发表在《新青年》第四卷第五号，被视为新小说的开山。首次使用笔名"鲁迅"。同时在《新青年》陆续发表新诗、杂文和译文。仍搜集研究拓本。

1919 年　39 岁

买公用库八道湾屋，返绍兴奉母来京，与二弟、三弟全家迁入。仍搜集研究拓本。

1920 年　40 岁

兼任北京大学及北京高等师范学校讲师。仍搜集研究拓本。

1921 年　41 岁

校《嵇康集》。

12 月 4 日，小说《阿 Q 正传》开始在北京《晨报副刊》连载，次年 2 月 2 日结束。

1922 年　42 岁

所译俄国阿尔志跋绥夫小说《工人绥惠略夫》、日本武者小路实笃戏剧《一个青年的梦》，合译俄国《爱罗先珂童话集》《现代小说译丛》出版。

1923 年　43 岁

7 月，与二弟周作人关系破裂。8 月，迁居砖塔胡同。所译《现代日本小说集》、爱罗先珂童话剧《桃色的云》，所著小说集《呐喊》《中国小说史略》（上）出版。本年起，兼任北京女子高等师范学校和北京世界语专门学校讲师。

1924 年　44 岁

5 月，移居阜成门内西三条胡同 21 号。《中国小说史略》下卷印成。基本写定《嵇康集》，并作《〈嵇康集〉序》。夏季赴西安讲中国小说史。为《歌谣纪念增刊》《国学季刊》设计封面。译日本文艺理论家厨川白村《苦闷的象征》出版，请陶元庆作封面画。《语丝》周刊创刊，为重要撰稿人。

1925年　45岁

支持北京女子师范大学学生反对校长杨荫榆。与文学青年创办《莽原》周刊，成立未名社。与现代评论派论战。杂文集《热风》、翻译厨川白村文艺论集《出了象牙之塔》出版。为任国桢编译的《苏俄的文艺论战》作《前记》。

1926年　46岁

"三一八"惨案发生，被北洋政府通缉，外出避难一月有余。作散文《记念刘和珍君》。8月离京赴厦门大学任教，12月辞职。出版小说集《彷徨》，由陶元庆设计封面。编辑出版高长虹诗与散文合集《心的探险》，并采取六朝墓门画像作封面。出版《小说旧闻抄》。编写讲义《中国文学史略》（后改题《汉文学史纲要》）。

1927年　47岁

1月至广州，任中山大学文学系主任兼教务主任，"四一五"政变发生后，因营救被捕学生无效辞职。往黄埔军校讲演，题为《革命时代的文学》。杂文集《坟》出版。编定散文诗《野草》、回忆散文集《朝花夕拾》、古代小说《唐宋传奇集》，翻译童话小说《小约翰》，本年或次年出版。画《朝花夕拾·后记》中的"活无常"，并搜集影描其中的多幅插图。

1927—1936　在上海

1927年　47岁

10月抵上海。8日，移寓景云里23号，与许广平女士同居。应邀往劳动大学、暨南大学等学校讲演。主编《语丝》周刊。12

月应蔡元培聘请，任国民政府大学院特约撰述员。1931 年 12 月被裁撤。

1928 年　48 岁

作文艺评论《"醉眼"中的朦胧》等，与创造社、太阳社就"无产阶级革命文学"展开论战。为《北新》半月刊译日本板垣鹰穗的《近代美术史潮论》。杂文集《而已集》出版。与郁达夫创办《奔流》月刊，与柔石等创办朝花社，出版《朝花》周刊、《朝花旬刊》、《艺苑朝华》及《近代世界短篇小说集》等。

1929 年　49 岁

出版《近代木刻选集》(1)、《近代木刻选集》(2)、《蕗谷虹儿画选》《比亚兹莱画选》，均作《小引》。所译卢那察尔斯基的《艺术论》《文艺与批评》，日本片上伸的《现代新兴文学的诸问题》和《壁下译丛》出版。9 月，子海婴出生。

1930 年　50 岁

参加中国自由运动大同盟、中国左翼作家联盟。所译《文艺政策》、普列汉诺夫《艺术论》出版。与人合编《萌芽》月刊出版。往中华艺术大学等演讲，讲题为《绘画杂论》《美术上的现实主义》《象牙塔与蜗牛庐》《美的认识》等。出版《新俄画选》。与内山完造同开"世界版画展览会"。

1931 年　51 岁

左联五烈士被捕、遇害。鲁迅外出避难，发表抗议文章。出版《梅斐尔德木刻士敏土之图》、苏联法捷耶夫长篇小说《毁灭》。校阅并出版曹靖华译苏联绥拉菲摩维奇长篇小说《铁流》。5 月，作《一八艺社习作展览会小引》。8 月 17 日请日本木刻教师内山嘉吉举办木刻讲习会，学员 13 人，鲁迅亲为翻译，至 22 日毕。

1932 年　52 岁

出版杂文集《三闲集》《二心集》。作文艺评论《"连环图画"的辩护》。支持德国汉堡嘉夫人举办德国作家版画展。11 月到北平探亲，先后在北京大学等五所学校作五次演讲，被称为"北平五讲"。

1933 年　53 岁

加入中国民权保障同盟，被举为执行委员。撰写散文《为了忘却的记念》，纪念左联五烈士。4 月 11 日迁居施高塔路（现山阴路）大陆新村九号。出版：杂文集《伪自由书》《鲁迅杂感选集》（瞿秋白编），书信《两地书》，与郑振铎合编《北平笺谱》，编译《竖琴》《一天的工作》。为比利时画家麦绥莱勒的木刻连环画《一个人的受难》作序。举办现代作家木刻展览会、俄法书籍插画展览会。

1934 年　54 岁

《革命的中国之新艺术展览》在巴黎的皮尔·沃姆斯画廊举行，展品有鲁迅搜集的木刻作品 50 余幅。出版与郑振铎编《十竹斋笺谱》第一册、苏联木刻集《引玉集》、中国现代木刻选集《木刻纪程》。出版杂文集《南腔北调集》《准风月谈》。

1935 年　55 岁

翻译出版苏联高尔基的《俄罗斯的童话》、班台莱耶夫的小说《表》、俄国果戈理的《死魂灵》第一部。编选《中国新文学大系·小说二集》并作导言。编定《且介亭杂文》《且介亭杂文二集》。

1936 年　56 岁

作文艺评论《论现在我们的文学运动》。出版《故事新编》《花边文学》。编辑出版《死魂灵百图》《凯绥·珂勒惠支版画选集》、瞿秋白遗著《海上述林》上下卷。选定并作序的《苏联版画集》出版。翻译《坏孩子和别的奇闻》出版。编定苏联亚历克舍夫《城与年》，并作《小引》。10 月 8 日，抱病往青年会观第二回全国木刻流动展览会，并与青年木刻工作者座谈。19 日晨逝世。

参考文献

一、专著

［1］鲁迅全集（18卷）［M］.北京：人民文学出版社，2005.

［2］北京鲁迅博物馆编.鲁迅藏拓本全集·汉画像卷（一、二）［M］.杭州：西泠印社出版社，2014.

［3］鲁迅，郑振铎编.北平笺谱（全6册）［M］.杭州：西泠印社出版社，2007.

［4］上海鲁迅纪念馆，江苏古籍出版社编.版画纪程：鲁迅藏中国现代版画全集（全5册）［M］.南京：江苏古籍出版社，1991.

［5］李允经，李小山编.鲁迅藏外国现代版画全集［M］.长沙：湖南美术出版社，2014.

［6］王观泉.鲁迅与美术［M］.上海：上海人民美术出版社，1979.

［7］王观泉.鲁迅美术系年［M］.北京：人民美术出版社，1979.

［8］回忆鲁迅的美术活动［C］.北京：人民美术出版社，1979.

［9］回忆鲁迅的美术活动续编［C］.北京：人民美术出版社，1981.

［10］学习鲁迅的美术思想［C］.北京：人民美术出版社，1981.

［11］张望编.鲁迅论美术［C］.北京：人民美术出版社，1982.

［12］陈烟桥.鲁迅与木刻［M］.上海：开明书店，1949.

［13］［日］内山嘉吉，奈良和夫.鲁迅与木刻［M］.韩宗琦译.北京：人民美术出版社，1985.

［14］马蹄疾，李允经.鲁迅与中国新兴木刻运动［M］.北京：人民美术出版社，1985.

［15］李允经.中国现代版画史［M］.太原：山西人民出版社，1996.

［16］李桦，李树生，马克编.中国新兴版画运动五十年［M］.沈阳：辽宁美术出版社，1982.

［17］孙瑛.鲁迅在教育部［M］.天津：天津人民出版社，1979.

［18］许寿裳.亡友鲁迅印象记：许寿裳回忆鲁迅全编［M］.上海：上海文艺出版社，2006.

［19］周作人著，止庵编.关于鲁迅［M］.乌鲁木齐：新疆人民出版社，1997.

［20］周作人.知堂回想录［M］.北京：北京十月文艺出版社，2013.

［21］周建人口述，周晔编写 . 鲁迅故家的败落［M］. 长沙：湖南人民出版社，1984.

［22］许广平 . 鲁迅的写作和生活（许广平忆鲁迅精编）［M］. 上海：上海文化出版社，2006.

［23］上海鲁迅纪念馆，中国美术家协会上海分会编 . 鲁迅与书籍装帧［M］. 上海：上海人民美术出版社，1981.

［24］邱陵编著 . 书籍装帧艺术简史［M］. 哈尔滨：黑龙江人民出版社，1984.

［25］杨永德编著 . 鲁迅装帧系年［M］. 北京：人民美术出版社，2001.

［26］姜维朴编 . 鲁迅论连环画［M］. 北京：人民美术出版社，1982.

［27］杨永德，杨宁编著 . 鲁迅最后十二年与美术［M］. 北京：文化艺术出版社，2007.

［28］李允经 . 鲁迅与中外美术［M］. 太原：书海出版社 2005.

［29］冯光廉等主编 . 多维视野中的鲁迅［M］. 济南：山东教育出版社，2002.

［30］周令飞主编 . 鲁迅的艺术世界［M］. 南京：江苏文艺出版社，2009.

［31］王锡荣选编 . 画者鲁迅［M］. 上海：上海文化出版社，2006.

［32］王锡荣，乔丽华选编 . 藏家鲁迅［M］. 上海：上海文化出版社，2009.

［33］周海婴，周令飞.鲁迅是谁?［M］.北京:金城出版社，2011.

［34］赵家璧等.编辑生涯忆鲁迅［M］.石家庄:河北教育出版社，2000.

［35］赵家璧.编辑忆旧［M］.北京:中华书局，2008.

［36］程天良.钱君匋及其师友别传［M］.长沙:湖南文艺出版社，1998.

［37］郎绍君.论中国现代的美术［M］.南京:江苏美术出版社，1988.

［38］王伯敏主编.中国美术通史［M］.济南:山东教育出版社，1996.

［39］陈丹青.笑谈大先生［M］.桂林:广西师范大学出版社，2011.

［40］王雁.我的父亲沙飞［M］.北京:社会科学文献出版社，2005.

［41］唐英伟.中国现代木刻史［M］.中国木刻用品合作工厂，1944.

［42］萧振鸣.鲁迅的书法艺术［M］.桂林:漓江出版社，2014.

［43］张素丽.鲁迅与中国传统美术［M］.北京:中央编译出版社，2019.

［44］野夫编.纪念鲁迅美术选集［M］.北京:人民美术出版社，1956.

［45］纪念鲁迅美术作品选［M］.天津：天津人民美术出版社，1979.

［46］北京鲁迅博物馆陈列部编.鲁迅美术形象选［M］.西安：陕西人民美术出版社，1986.

［47］上海鲁迅纪念馆编.鲁迅画传［M］.上海：上海书店出版社，2001.

［48］北京鲁迅博物馆编.鲁迅［M］.郑州：河南文艺出版社，2008.

［49］黄乔生编著.鲁迅影集［M］.北京：人民文学出版社，2018.

［50］谢清风.出版家鲁迅研究［M］.北京：人民文学出版社，2021.

［51］刘运峰编著.鲁迅书衣录［M］.北京：九州出版社，2021.

二、论文

［1］张云龙.《呐喊》《彷徨》与乡土精神：鲁迅小说艺术生命探析之一［J］.鲁迅研究动态，1988（12）.

［2］张云龙.鲁迅与插图艺术［J］.鲁迅研究月刊,1998（11）.

［3］张云龙.论鲁迅的美学思想：力之美［J］.东岳论丛，1997（4）.

［4］张云龙.鲁迅美术思想论纲［J］.东岳论丛，2014（9）.

［5］张云龙.鲁迅与中国新兴木刻［J］.设计艺术（山东工艺美术学院学报），2014（4）.

［6］张云龙.论鲁迅对我国现代书籍装帧设计的贡献［J］.东岳论丛，2022（7）.

［7］张云龙.鲁迅与中国美术的现代转型［J］.济南大学学报（社会科学版），2023（2）.

［8］张云龙.论鲁迅的书法艺术［J］.设计艺术（山东工艺美术学院学报），2022（6）.

［9］张云龙.前期鲁迅与象征主义［M］//山东省鲁迅研究会编.鲁迅与中外文化.北京：华龄出版社，1990.

［10］李欧梵.鲁迅与现代艺术意识［J］.鲁迅研究动态，1986（11）.

［11］魏韶华.鲁迅的"呐喊"与蒙克的"呼嚎"［J］.兰州大学学报（社会科学版），2001（5）.

［12］崔云伟.鲁迅与西方表现主义美术［J］.山东师范大学博士学位论文，2006.

［13］崔云伟.新时期"鲁迅与美术"研究述评［J］.东岳论丛，2004（9）.

［14］夏晓静.鲁迅的书法和碑拓收藏［J］.鲁迅研究月刊，2008（1）.

［15］吴为山.鲁迅与美术：由"中国美术馆纪念鲁迅逝世80周年美术展"说起［N］.中国艺术报，2016-10-31.

后　记

　　本书原是"跨界书系"丛书中的一种。该丛书的策划者王任是我的同事，也是我的小友和畏友。2016 年 4 月，他因事到我办公室一坐，似乎早有准备地问：能否写一本鲁迅与美术的书？我当时漫应之曰："可以试试。"说过也没太当回事。过了几天，他又来电话确认此事，我便不得不认真对待了。

　　应该说，从学术经历看，我写此书有一定的优势。我应该算鲁迅研究的科班出身，做硕士研究生时跟山东大学中文系教授孙昌熙先生攻读中国现代文学专业鲁迅研究方向。毕业论文研究的是《呐喊》《彷徨》：《从乡土走向世界——〈呐喊〉〈彷徨〉的艺术生命探析》。研究生毕业后到山东工艺美术学院工作，在学校图书馆惊喜地发现了一些鲁迅与美术关系的资料，如张望编《鲁迅论美术》、鲁迅编《版画选集》4 本。有一次还意外地在一特价书店买到了《中国新兴版画运动五十年》《中国版画年鉴 1982》，其中有回忆、论述鲁迅对我国新兴版画巨大贡献的文章 30 余篇，书中的许多木刻作品大者如明信片，小者仅如邮票，让我第一次领略到木刻艺术的魅力。由此引起我对鲁迅与美术关系的兴趣，便开始搜集资料，写出了若干篇鲁迅与美术的相关论文，如《鲁迅与插图艺术》《鲁迅与中国新兴木刻》《论鲁迅的美学思想——力之美》《鲁迅美术思想论纲》等，有的被中国人民大学复印报刊资料转载，还获得过一些奖励。

我一直不能忘情于鲁迅。回顾自己的学习之路、人生之路，鲁迅的作品我阅读最多，受益最大，当然有时也免不了受"害"，陷入鲁迅式的悲观之中，这有点可笑，但曾经是事实。鲁迅之于我，早已不是一般的知识的学习，更不是无聊时的消遣，而是心灵的对话、精神的慰藉，乃至灵魂的重塑。鲁迅的思想、鲁迅的思维方式、鲁迅的表达方式，许多已潜移默化地渗透到我的骨子里，就如一个人在成长过程中吸收的各种营养，已化为他的血肉，再也不能分离。

对鲁迅，我心存感激。鲁迅使我扩大了眼界，使我学会了独立思考。鲁迅生活于中国社会从古代到现代的转型过渡时期，他勇立时代潮头，放眼古今中外，冷静犀利，坚忍不拔，取精用宏，成为一代文化伟人。通过鲁迅，我们可以站在一个文化的制高点上，俯视四方，大有一览众山小之概。

但回想起来，自己也深感惭愧，因为当时学校关于鲁迅研究方面的资料并不多，也无网络资源可用，难以进行系统深入的研究。加之自己后来做了行政工作、学术上不够努力等各种原因，未能在鲁迅与美术关系研究方面取得更大的成绩。这次如果能集中精力，写出一本专著，也算自己的阶段性学术总结；若不写，时过境迁，也就随风飘散，不留一点痕迹，总觉有点可惜。但能否写成一部二十余万字的书，自己并无把握。

但面对这样的机会，我又心痒难耐，跃跃欲试。几经思考，终于鼓足勇气，咬牙答应下来。这时，我想到了"背水一战"，想到了"无知者无畏"，想到了"置之死地而后生"。

　　做决定很难，写起来更难。我四月允诺撰稿，只能抽空查阅点资料，直到七月下旬学校放假，才算有了整块的时间。我翻出了自己所有与鲁迅有关的书籍，又查阅了大量的相关资料，开始真正进入撰写阶段。特别需要提出的是王任知道我研究鲁迅，曾赠我一些关于鲁迅的书，这次都用上了。还有，那年父亲节，儿子在网上给我买了礼物，是一套根据1938年版重排的《鲁迅全集》，包括了鲁迅的大部分翻译作品，其中有《近代美术史潮论》等，还保留了鲁迅译作初版时的许多插图，对我帮助很大。

　　我喜欢读书研究，也不时动笔写点东西，虽不能算勤奋，至少不能算懒惰。但自从1999年写完博士论文、2007年出版博士论文《清初散文三家研究》之后，我还从来没有这么用功，这么拼。作为一部学术性专著，严谨是第一位的要求。虽不能要求字字有来历，但必须事事有根据，不可能随意发挥。我一边阅读，一边写作，那真是集腋成裘、积土成山，谈何容易！

　　整个暑假我都在用功，都在"恶补"鲁迅。通过一个暑假的学习、研究、写作，我深感过去对鲁迅的理解过于狭窄、过于肤浅、过于简单化。鲁迅的成就有创作，有翻译，有古籍整理，还有学术研究、美术、书法，等等。鲁迅的思想博大精深，矛盾复杂，既有呐喊的、战斗的一面，也有内省的、反思的一面；既有无情面地解剖社会的一面，更有无情面地解剖自己的一面；既有鲜明的社会化一面，也有完全私人化的一面；既有自觉地表现于文字上的一面，也有无意识地潜藏于文字背后的一面。这是我过去很少注意的。或者也与年龄和经历有关吧。

鲁迅与美术是一个早已被人关注的领域，成果不少。但由于时代和个人的局限，都各有其不足。现在，我们处在一个信息发达、出版繁荣的时代，鲁迅与美术的许多新资料陆续出版，如2005年新版《鲁迅全集》、鲁迅手稿全集、鲁迅藏中外版画、鲁迅藏金石拓本以及鲁迅与美术的学术专著等，网络上也有大量的相关文章，对于我们深入了解、研究鲁迅与美术的关系都很有帮助。

2016年10月底，全书完成、交稿，我便不再过问，静待出版。但因出版形势和"跨界书系"情况有变，未能如愿。

迁延几年后，本书又得到出版的机会。我趁机又将全部文稿仔细校阅一遍，不仅改正了个别错字、病句，还核对、增补了若干注释，补写了若干段落，调整了插图，使全书更加严谨、详实。

今天，重温鲁迅的生平思想、美术世界、人格境界，我仍然深受震撼。鲁迅的一系列深邃思想，仍时时激发我思想的火花；他对青年、对朋友、对事业的深情、至情，他晚年虽体弱多病却顽强不屈的坚定意志，仍一次次震撼着我的灵魂。鲁迅晚年抱病编辑出版《凯绥·珂勒惠支版画选集》和《苏联版画集》，抱病编辑出版亡友瞿秋白的遗作《海上述林》上下两大卷并亲自撰写序言，临去世前10天仍念念不忘中国新兴版画的发展，他那已经编成而未来得及出版的著作，他那一项项未能完成的计划……这是怎样的勤奋与执着，怎样的情怀与境界！

我力求在广泛吸收已有研究成果的基础上比较系统地梳理鲁迅与美术的关系以及鲁迅对美术的重要贡献。需要说明的是，本书兼顾学术性、可读性，叙述力求连贯流畅，引文力求精当准确。重要引文均直接在文中说明或加注，但难以包罗无遗，敬请见谅。主要参考书及文章列于全书之末。为了说明问题并增加阅读兴趣，书中选入了部分插图。在此，谨向有关作者、编者表示衷心的感谢。

这本小书算是我"鲁迅缘"的结晶，是我多年学习、研究鲁迅的一得之见。但愿这本小书能帮助大家进一步认识鲁迅的美术世界，认识鲁迅的博大精深、汲之不尽！不当之处，敬请批评指正。

行笔至此，我不禁又想起了我的恩师孙昌熙先生。先生生于1914年，长我五十余岁，1998年仙逝，是山东乃至全国鲁迅研究的开拓者之一。是先生手把手带我走上了鲁迅研究之路，并最终影响甚至决定了我的思想之路、人生之路，无怨无悔！

正当本书出版之际，先生的著作《孙昌熙文集》列入"山东大学中文专刊"，由师兄张学军编辑、社会科学文献出版社出版，山东大学文学院举办了《孙昌熙文集》出版座谈会，这是对先生的最好纪念。

本书得以完成并出版，首先要感谢好友王任。没有他的诚挚邀请和执着约稿，这本小书是不可能写成的。他还亲自为本书设计封面、版式，寻找插图，打印书样，校对文稿，并邀请设计师王高杰排版制作，联系印刷，不辞劳苦，尽心尽力。我的诸多领导、同事和朋友，或给我鼓励支持，或帮我查找资料，或联系出版事宜，殷殷盛情，令人感动。在此，向他们表示衷心的感谢！

最后，谨将此书作为特殊的礼物送给我年迈的父母、默默支持我的爱人和孩子。

张云龙

2023 年 9 月于济南千佛山下